CHAMBRE DE COMMERCE D'ABBEVILLE

SÉANCE DU 11 MARS 1868

DÉLIBÉRATION
SUR LES DIVERS PROJETS
D'UN CHEMIN DE FER
ENTRE DOULLENS ET AMIENS
ET SUR LEUR RAPPORT AVEC LA LIGNE
DE LILLE AU HAVRE, PAR ABBEVILLE

ABBEVILLE
IMPRIMERIE P. BRIEZ

1868

CHAMBRE DE COMMERCE D'ABBEVILLE

SÉANCE DU 11 MARS 1868

DÉLIBÉRATION

SUR LES DIVERS PROJETS

D'UN CHEMIN DE FER

ENTRE DOULLENS ET AMIENS

ET SUR LEUR RAPPORT AVEC LA LIGNE

DE LILLE AU HAVRE, PAR ABBEVILLE

ABBEVILLE
IMPRIMERIE P. BRIEZ
1868

CHAMBRE DE COMMERCE D'ABBEVILLE

DÉLIBÉRATION

SUR LES DIVERS PROJETS

D'UN CHEMIN DE FER

ENTRE DOULLENS ET AMIENS

ET SUR LEUR RAPPORT AVEC LA LIGNE

DE LILLE AU HAVRE, PAR ABBEVILLE

Séance du 11 Mars 1868

L'an mil huit cent soixante-huit, le mercredi, onze mars, la Chambre de commerce de l'arrondissement d'Abbeville étant réunie dans le local ordinaire de ses séances, en vertu d'une convocation régulière, du 7, même mois,

Sont présents :

MM. A. Courbet-Poulard, président,
Desgardin (du Crotoy),
H. Le Dieu,
Lemaitre-Riquier,
A. Lottin,
A. Monchaux,
J. Vayson,
L. Falaize-Joly, secrétaire.

Après avoir successivement discuté deux questions qui intéressent vivement la navigation maritime de la Somme,

1° La question du *remorquage à vapeur*, qui ne saurait être efficacement résolue que par la perception d'un *droit fixe* et d'un *droit d'usage*; d'un *droit fixe* indistinctement applicable à tous les bâtiments qui viennent dans nos eaux ; d'un *droit d'usage* exclusivement imposé aux navires qui profitent effectivement des services du remorqueur ;

2° La question du *pilotage*, qui a besoin d'être modifié et dans son règlement et dans son tarif, attendu l'expérience faite vis-à-vis, notamment, des situations nouvelles qu'ont créées les traités de commerce ; — qui aura besoin d'être modifié, encore, quand, une fois, le *remorquage à vapeur* sera établi, pour le plus grand avantage de notre mouvement maritime, à raison de l'abaissement des frêts qu'il assurera par la suppression des dangers et des retards qu'ont actuellement à subir les capitaines qui fréquentent la baie ;

La Chambre revient, sans se fatiguer, à un sujet qu'elle a traité cent fois, mais qu'elle tient, dans sa constance, à suivre jusqu'au bout quel qu'en doive être le dénouement, au sujet d'une voie ferrée à établir entre *Béthune et le Hâvre* par Abbeville. Elle invite celui de ses membres, auquel elle a donné mandat, à lui communiquer le *dire* qu'il a préparé pour l'enquête concernant le *chemin de fer de Doullens à Amiens*, dont le tracé, selon qu'il affecterait une direction ou l'autre, pourrait influer, plus que beaucoup ne le supposent, probablement, sur la réalisation ou sur l'avortement du projet, que la Chambre patronne et défend, depuis quatorze années, pour faire d'Abbeville le point intermédiaire destiné à relier Lille avec le Hâvre, le Nord avec la Seine-Inférieure.

M. le Président de la Chambre de commerce s'exprime en ces termes :

Messieurs,

Par son arrêté, en date du 1er février 1868, Monsieur le Conseiller d'État, Préfet de la Somme, justement jaloux de doter son département des *chemins de fer d'intérêt local* que réclament de tous côtés les besoins de nos populations, soumet à l'enquête prescrite par la loi du 3 mai 1841 les projets d'établissement des lignes :

I. De Frévent à Gamaches, par *Doullens*, Flixecourt, *Longpré* et Airaines.

II. De Frévent à Poix, par *Doullens*, Flixecourt et *Hangest*.

III. De *Doullens à Amiens par les vallées de l'Authie et de l'Hallue*.

IV. *De Doullens à Amiens, par les plateaux.*

Par sa dépêche, en date du 10 février, Monsieur le Conseiller d'État, Préfet de la Somme, engage la Chambre de commerce de l'arrondissement d'Abbeville à délibérer « sur « l'utilité et la convenance des projets présentés, et à se prononcer, aux termes de l'art. 4 du susdit arrêté, sur celui « des quatre projets qui lui paraîtra desservir de la manière « la plus économique les intérêts agricoles, industriels et « commerciaux des centres qu'il traverse » ou auxquels il aboutit, ainsi que de leur sphère respective d'action.

Par votre délégation spéciale, en date du 19 février, après un examen approfondi du réseau que doit subventionner le Conseil général (réseau dont chaque arrondissement a le droit de revendiquer sa part), vous m'avez chargé de rendre votre pensée et de formuler votre avis, en ce qui touche le rail-way le plus naturel et le plus logique à préférer, de Frévent à Amiens, par Doullens.

Il m'a suffi, Messieurs, d'ouvrir le registre de vos délibérations pour y reprendre le *dire* que vous avez consigné sur la matière, dès le 10 juillet dernier, et pour vous en proposer une nouvelle édition revue, corrigée et dûment complétée.

La Chambre, Messieurs, dont l'opinion ne doit s'inspirer que des intérêts dont elle a la garde, ne peut, dès lors, que repousser, en 1868, comme elle les a repoussés en 1867, les deux projets :

I. De Frévent à Gamaches, par *Doullens*, Flixecourt, *Longpré* et Airaines ;

II. De Frévent à Poix, par *Doullens*, Flixecourt et *Hangest*.

Elle appréciera, ensuite, l'un vis-à-vis de l'autre, les deux projets :

III. de Doullens à Amiens *par les vallées de l'Authie et de l'Hallue* ;

IV. De Doullens à Amiens *par les plateaux*.

Le tronçon de Frévent à Doullens étant commun aux quatre hypothèses, nous négligerons également, pour chacune, les 17 à 18 kilomètres qu'il comporte.

I

Projet de Frévent à Gamaches par Doullens, Flixécourt, Longpré et Airaines.

La conception de cette ligne a surgi, vous ne l'avez pas oublié, Messieurs, après et contre l'idée d'une communication ferrée entre Lille et le Havre, par *Béthune, St-Pol, Frévent, Auxi-le-Château, Abbeville, Eu et Dieppe.*

Elle voudrait 1° faire dériver au profit de groupes nouveaux, en dépouillant purement et simplement les groupes anciens de leur possession d'état, de leur droit acquis, le courant des relations commerciales qui s'échangent, de vieille date, entre notre principale place maritime sur la Manche et la capitale de la Flandre, — relations dont la haute importance avait, dès l'époque du premier empire, déterminé l'établissement de la route impériale n° 25, la première de toutes les routes transversales créées en France ; — relations dont l'accroissement a suivi l'augmentation générale des affaires et n'attend, pour prendre des proportions immenses que le jour où sera, enfin, crevée l'impasse qui arrête vers le Nord-Ouest l'expansion du Bassin houiller de Béthune, dont les richesses minérales [1] refouleraient si vigoureusement, le long du littoral de la Manche (tout en desservant ses ports), l'invasion désolante des charbons anglais, qui nous emportent chaque année des centaines de millions.

Elle voudrait 2°, du même coup, faire opposition à la ligne qui doit rationnellement relier Doullens à Amiens par le tracé le plus court que permettrait l'avantage combiné des points extrêmes et des points intermédiaires, par le tracé qui rapprocherait le plus cette ville et du chef-lieu préfectoral et de la capitale de l'empire...

Non, quand même les influences coalisées se mettraient à la fois en campagne, une courbe [2] sans fin qui vient se jeter à la traverse, uniquement pour nuire à deux intérêts aussi importants, ne saurait avoir la dernière raison... — Et si, même pour violenter, en quelque sorte, un résultat on faisait

[1] La marine impériale a donné un signal patriotique, elle ne consomme plus que des houilles françaises. Pourquoi, de Dunkerque à Brest, la généralité des foyers industriels ou domestiques est-elle encore alimentée par les houilles étrangères? parce que, si le traité de commerce nous a brusquement imposé des charges inattendues nous attendons encore, à bien des égards, les compensations promises par la lettre impériale du 5 janvier 1860 et qu'on ne se hâte pas assez d'assurer partout, et notamment, à la bande N. O. de la France, le transport rapide et économique des matières du commerce.

[2] Votre système de la ligne courbe, disait naguère à ses collègues du Corps législatif M. *Chauchat*, ne satisfait à rien, si ce n'est peut-être aux intérêts d'une Compagnie. Par contre, il présente les inconvénients les plus graves... Pourquoi... quand un intérêt commercial de premier ordre vous convie au respect de la ligne droite, si chère d'habitude aux hommes de l'art, pourquoi nous en détourner?...

On dit que l'obstacle vient des Compagnies? Mais je me refuse à croire que ces puissantes associations pèsent dans les conseils du gouvernement d'un plus grand poids que l'intérêt des populations...

(Séance du 19 juin).

apparaître une compagnie financière (non pas une de ces compagnies qui ne s'avancent que pour reculer, alors que la concession une fois obtenue se traduit par des charges supérieures aux bénéfices qu'on s'en promettait), mais une compagnie sérieuse et solide, il y aurait lieu de l'abandonner à ses propres ressources, supposé qu'elle sollicitât une subvention; car, selon, nous, le concours pécuniaire de l'Etat, du département et des communes n'a pas le droit de se commettre, là où l'intérêt général n'existe pas, et à plus forte raison là où il est positivement méconnu ; mais aussi ce concours n'a pas le droit de marchander un supplément de subsides quand sur un tracé nécessaire, comme le tracé direct[1] entre Doullens et Amiens, il rencontre un supplément de difficultés à vaincre dans l'exécution.

Or, *le projet de Frévent à Doullens, Longpré, etc., ne répond à aucun des intérêts majeurs engagés dans la question :*

Ni à l'intérêt général de la ligne entre l'Artois et la Normandie ;

Ni à l'intérêt départemental de la ligne entre Amiens et Doullens.

§ I. D'abord, *il ne répond pas, à l'intérêt général de la ligne entre l'Artois et la Normandie.* — A preuve les inconvénients que révèle au premier coup d'œil la seule inspection de la carte :

1° Entre la vallée de la Canche et la vallée de la Somme, il se rapproche, visiblement trop, de la ligne du Nord, dont il

[1] Voir ci-après, page 39e à l'annexe intitulée « **Doullens** » ce qu'Abbeville a toujours été pour Doullens, depuis que la question des *chemins de fer* est posée dans la Somme.

coupe malencontreusement la zône d'exploitation ; puis entre la vallée de la Somme et la vallée de la Bresle, il suit une direction étroitement parallèle aux chemins ou exécutés ou concédés, ce qui réduirait à des proportions trop minces le chiffre de trafic à partager entre les deux entreprises, qui ne graviteraient côte à côte que pour se nuire mutuellement.

2° Il présente un grand nombre de courbes d'un faible rayon, le rayon de 300m, *minimum* adopté (adopté [1] quant à présent du moins) ; et cela avec des pentes et des rampes d'une déclivité *maximum* de 0m,012, dont la longueur exorbitante — 8000m entre Doullens et Fienvillers, 9000m entre Fienvillers et St.-Léger-lez-Domart, — ajouterait singulièrement aux difficultés de transport et aux frais d'exploitation.... puisqu'il est constant que dans l'établissement d'un rail-way, il n'importe pas moins de compter avec l'étendue d'une rampe qu'avec sa roideur, l'un de ces éléments ne contribuant pas moins que l'autre à élever le chiffre de la dépense quotidienne.

Les déclivités au *maximum* d'inclinaison et les courbes au *minimum* de rayon s'excuseraient, tout au plus, par la nécessité ou d'une *abréviation notable de trajet* à réaliser, ou d'un *intérêt de premier ordre* à satisfaire.

Y a-t-il ici un de ces grands motifs ?

[1] Avec les exigences croissantes du bon marché, en fait de construction des chemins de fer, bon marché sans lequel leur multiplication serait trop lente ; — avec la confiance dans le génie infatigable des recherches et des inventions ; — avec la certitude du progrès dans la science des Ingénieurs, et l'application de ce progrès au bien public, il n'est pas douteux que le perfectionnement des machines et la découverte de procédés nouveaux ne triomphent des obstacles, que soulèvent encore aujourd'hui et le rayon restreint des courbes et la rapidité trop accusée des rampes. — Attendons !

Une abréviation notable de trajet ? — **Bien au contraire :**

La distance de Frévent à Gamaches par *Longpré* est de	**92 kil. 683**
La distance de Frévent à Gamaches par *Abbeville* est de	**76 kil. 136**
Différence. . . .	**16 kil. 547**

Soit le quart ou à peu près, en plus, par Longpré, que par Abbeville.

Un *intérêt de premier ordre ?* — L'intérêt à satisfaire, avant tout, dans la création d'une voie ferrée, c'est par le raccourci du parcours, l'économie de temps et de dépense pour la circulation. Or, qu'on essaie d'évaluer en chiffres la somme de délais et de frais à supporter par les voyageurs, la somme de délais et de frais à supporter par les marchandises, sur cet excédant de 16 à 17 kilomètres, excédant qui deviendra plus onéreux encore, pour une matière dont le poids est lourd, et la valeur légère, comme le charbon, principal aliment de la ligne — et l'on arrivera, par ce calcul élémentaire, à supputer de quelle hypothèque énorme le passage, par Longpré, grèverait, à perpétuité, les générations dans leur mouvement soit d'Artois en Normandie, soit de Normandie en Artois.

Les conséquences pour Abbeville, en particulier, les conséquences de ce bouleversement des situations normales et traditionnelles se révèlent dans le tableau qui suit :

L'adoption du projet par Longpré mettrait Abbeville

à 69 kil.	de Frévent	au lieu de 46	— différence 23 kil.
à 51	de Doullens	» 40	— » 11
à 55	de Gamaches	» 30	— » 25
à 91	de Dieppe	» 60	— » 31

Et si nous mesurons les distances d'Abbeville à Dieppe,

suivant les études de chemin de fer faites de l'une à l'autre de ces places, on ne trouverait d'Abbeville à Dieppe

Par Gamaches et Envermeu que	71 kil.
Par le Vimeu serrurier, Pont-Marais et Eu, que	71 kil.
Par Gamaches et Eu (en empruntant 10 k. 500 à la ligne de la Bresle) on aurait [1]	77 kil. 500
Par Saint-Valery et Eu en empruntant 19 kil. 500 à la ligne du Nord)	82 kil. 500

D'où il ressort que le tracé par Longpré changerait arbitrairement l'économie des distances ménagées par la nature et spolierait brutalement Abbeville des habitudes et des relations que les siècles lui ont constituées et qu'aucune puissance au monde ne saurait lui enlever sans la plus flagrante iniquité.

Aussi bien, Abbeville et son arrondissement représentent environ le quart [2] du département, soit comme chiffre de population, soit comme quotité d'impôts ; ses droits, dès lors, sont appelés, non moins que ses intérêts, à peser de leur poids réel dans la balance des décisions du Conseil général.

Abbeville a, d'ailleurs, géographiquement, la bonne fortune d'être précisément aposté entre Lille et le Hâvre, sur le courant même de l'intérêt général; sur ce courant que viendront

[1] Pour expliquer l'hypothèse du passage par *Gamaches et Eu*, au lieu du passage par *Envermeu*, il est essentiel de connaître certains faits et de raisonner les situations qui sont en jeu dans la question du raccordement entre Abbeville et Dieppe. — Voir ci-après, page 49 l'annexe intitulée « DE LA BASSE SOMME A LA BASSE SEINE »

[2] Le département, en 1867, comptait 572,640 h[ts]; l'arrondissement d'Abbeville 141,625 h.

Le département figurait sur l'état des rôles des contributions directes pour 9,516,945 fr.; l'arrondissement d'Abbeville pour 2,114,044 fr.

Le département versait au trésor en produits de douanes et de contributions indirectes 9,812,055 fr.; l'arrondissement d'Abbeville 2,295,313 fr.

grossir bien des affluents particuliers, dont les sources jailliront spontanément de communes déshéritées encore aujourd'hui et de propriétés immenses relevées soudain à leur véritable valeur, par le souffle de la locomotive, qui répand avec la poussière de ses cheminées le meilleur des engrais.

Pourquoi la zône Nord-Ouest resterait-elle plus longtemps hors la loi ?

« En jetant les yeux sur la carte des chemins de fer de « l'Europe, dit la Chambre de commerce de Lille (délibé-« ration du 10 septembre 1867), on est frappé de l'inféri-« rité [1] dans laquelle nous nous trouvons encore, relati-« vement au nombre de voies ferrées, dont sont dotés nos « voisins, alors que leurs pays n'offrent pas plus de ressources « que nous n'en possédons, dans le Nord de la France, « comme densité de la population et comme développement « commercial, industriel et agricole...

« La ligne de Béthune à Abbeville et à Dieppe se tient dans « tout son parcours, et parallèlement à la ligne du Nord, à une « distance qui ne varie guère de 40 kilomètres, même à son « point le plus rapproché, de sorte qu'elle ne nuirait pas à cette « grande compagnie.

[1] « Le Gouvernement, disait du haut de la Tribune législative M. *de Janzé*, est disposé à réaliser, autant qu'il sera possible prudemment, la multiplication des voies ferrées, parce que, en comparant ce qui existe chez les nations voisines avec le développement du réseau chez nous, d'après la proportion entre la superficie territoriale et la population, par rapport au nombre des kilomètres de chemins de fer dans chaque pays, il trouve que nous ne viendrions pas avant le cinquième ou le sixième rang parmi les États Européens. — De l'avis du Gouvernement, une telle infériorité est compromettante dans une certaine mesure, pour nos intérêts, et elle doit être un stimulant pour nos efforts, en vue de l'achèvement de notre réseau ferré... » *(Séance du 3 juin).*

« Elle occupera, à l'Ouest de la ligne de Lille à Rouen,
« une parallèle analogue à celle qu'occupe, à l'Est, la ligne
« d'Erquelines à Paris, passant par Saint-Quentin ; ligne dont
« l'ouverture n'a point suspendu ni entravé l'activité et la
« prospérité croissantes de celle de Lille à Paris. »

Elle soulagera, fort à propos, par une nouvelle dérivation, cette grande voie artérielle, tellement surchargée qu'elle ne saurait faire face à la masse des transports qui l'encombrent et dont l'accumulation progressive ne peut que compromettre de plus en plus la sécurité dans le service des voyageurs et la régularité dans le voiturage des marchandises ; elle formera, d'abord, comme un canal de jonction et de nivellement, à la fois, entre deux fleuves, dont elle recevra le trop plein, qui lui suffira, avec l'exploitation des contrées nouvelles, qu'elle aura vivifiées en les annexant à la civilisation moderne pour leurs besoins et pour leurs ressources. — Puis, elle arrivera sans effort à rendre bientôt aux lignes magistrales avec lesquelles elle se soudera, bien plus qu'elle ne leur aura emprunté au début, attendu la fécondation du trafic qu'elle opérera sur ses deux rives, par la transformation de l'agriculture, et par son alliance intelligente avec l'industrie ; alliance précieuse qui élèvera partout la richesse publique à sa plus haute puissance, en admettant qu'une production augmentée comme mérite et comme quantité trouve sous sa main des tarifs faciles pour s'écouler au loin.

Il résulte de ce qui précède que si, par impossible, le tracé de Doullens à Longpré et *ultrà* pouvait prévaloir, l'intérêt général serait frappé au cœur et l'intérêt d'Abbeville du même coup que l'intérêt général.

§ II. *Le tracé ne répond pas davantage à l'intérêt départemental de la ligne de Doullens à Amiens.*

En effet, l'important pour deux villes, entre lesquelles s'agite un flux et un reflux perpétuels de rapports sociaux, administratifs, industriels et commerciaux, c'est de découvrir une voie qui, par sa direction et sa brièveté relative, rende plus commodes [1] à la fois et moins dispendieuses leurs communications incessantes.

Le tracé de Frévent à Amiens par Doullens et Longpré remplit-il ces conditions si simples, mais si nécessaires ?

Évidemment non : aussi est-ce une dérision que de le dénommer « *Chemin de Doullens à Amiens*, » nom contre lequel proteste le plus simple bon sens,

En effet la distance de Doullens à Amiens est de 30 kil.
Elle serait, en s'égarant par Longpré, de 64 kil.
et déterminerait ainsi un éloignement nouveau de 34 kil.
entre les deux points à rapprocher.

Les accidents de terrain, les exigences de certains groupes jetés un peu à l'écart [2] peuvent expliquer, parfois, dans la

[1] C'était la pensée de l'éloquent rapporteur de la loi du 11 juin 1842, M. *Dufaure*, quand il disait à la Chambre : « Plus on est pénétré de l'utilité commerciale, politique et sociale des chemins de fer, plus on sent que *leur qualité la plus importante est d'être aussi directs et aussi courts que possible* »

[2] Les difficultés de terrain, ajoutait M. *Dufaure*, la raideur des pentes, les frais de construction et d'exploitation font quelquefois abandonner le plus court tracé pour un plus long. Le chemin peut surtout se détourner de la ligne droite pour aller trouver le grand centre des populations agglomérées. Ce qui est vrai des villes extrêmes l'est des villes intermédiaires.... C'est toute la partie du territoire qui les entoure que l'on dessert en les touchant.

construction d'un rail-way, quelques courbes fortement prononcées, quelques *allongements* inévitables ; mais quand un projet, sans une nécessité impérative, tend à doubler l'étendue d'une traversée, il est, en dépit de tous les patronages, réprouvé à l'avance.

Outre cette considération dont le mérite devrait seul forcer une solution, n'y aurait-il pas lieu de mettre en ligne de compte l'ennui et le retard des transbordements soit de voyageurs, soit de marchandises, aux stations de raccordement ?

Et puis, lorsque de deux lignes l'une se trouve à la merci de l'autre, la concurrence ne devient-elle pas une impossibilité ?

Qu'on n'ose donc plus appeler la *ligne par Longpré* une *ligne de conciliation*, puisque, bien loin de concilier les principaux intérêts engagés dans la cause, elle les compromet tous à la fois.

La ligne par Longpré est incompatible avec le chemin qui doit directement (dans la mesure du possible) réunir Doullens à Amiens.

La ligne par Longpré est incompatible avec la transformation de la route impériale n° 25, en ligne ferrée, que le voiturage des houillères alimenterait sans cesse, indépendamment de la part qui lui est réservée dans les transports afférents aujourd'hui soit aux réseaux de l'Ouest et du Nord, soit à la voie de terre, soit au service [1] du cabotage.

[1] Il n'est pas sans utilité, peut-être, de rappeler ici ce que nous avons consigné d'après les documents officiels, dans une publication antérieure (Procès-verbal de la séance tenue à Abbeville, par le Comité central, etc., le 9 mars 1864) :

1° qu'en dehors des voies de fer ou d'eau, il y avait encore, ces années dernières, entre le Hâvre et Lille une circulation de 100,000 voyageurs, et de 110,000 tonnes de marchandises ;

2° que le cabotage entre Dunkerque (qui est le port de Lille) et le Hâvre, comporte un mouvement de 500,000 tonnes.

Le projet de Frévent à Gamaches par *Doullens*, Flixecourt, *Longpré* et Airaines manque totalement de points d'appui, soit qu'on l'envisage comme acheminement vers la Normandie, soit qu'on l'envisage comme acheminement vers Amiens.

L'intérêt général du pays, l'intérêt interdépartemental du Nord, du Pas-de-Calais, de la Somme, et de la Seine-Inférieure, l'intérêt d'Amiens, l'intérêt de Doullens, et l'intérêt d'Abbeville sont unanimes pour le condamner, et le Conseil général de la Somme, nous en avons la pleine confiance, ne fera que confirmer cette condamnation.

III

Projet de Frévent à Poix par Doullens, Flixecourt et Hangest.

L'important, disions-nous plus haut [1], pour deux villes qu'il s'agit de relier par une voie destinée à entretenir, entre elles, le flux et le reflux des rapports sociaux, administratifs, industriels et commerciaux, c'est de découvrir un tracé qui, par sa nature et sa brièveté relative [2], rende plus commodes, à la fois, et plus économiques, leurs communications incessantes.

Le tracé de *Frévent* à *Hangest* (par Doullens et Flixecourt) et d'*Hangest à Amiens* remplit-il ces conditions?

Ce même tracé s'élançant d'*Hangest vers Poix* a-t-il une

[1] Page 15.

[2] Nous ne sommes pas de l'avis du Conseil municipal de *Poix*, à ce qu'il paraît, en posant ce principe; mais comme ce n'est pas le seul point sur lequel nous divergions d'avec cette honorable assemblée, il nous a fallu lui consacrer une annexe pour combattre de graves inexactitudes qu'elle a publiées, et que nous nous sommes mis en demeure de redresser. — Voir l'annexe « Poix » page 43.

telle raison, une telle nécessité d'être, que la préférence des fonds départementaux doive immédiatement lui appartenir, par droit de priorité et d'urgence?

Et d'abord, 1° le tracé de *Frévent à Hangest* (par Doullens et Flixecourt) et d'*Hangest à Amiens* offre-t-il les avantages qu'on est fondé à attendre d'un chemin de fer? — Deux mots résolvent cette question, et ces deux mots sont deux chiffres.

Quelle distance y a-t-il actuellement de Doullens à Amiens? 30 kil.

Quelle distance y aurait-il par le tracé proposé? 56 kil.

c'est-à-dire que le parcours d'une ville à l'autre s'augmenterait de 26 kil.

c'est-à-dire que voyageurs et marchandises paieraient bon gré, mal gré, paieraient bien cher, et paieraient toujours, toujours, le médiocre avantage de saluer Flixecourt, au passage, dans le trajet forcé qu'ils subiraient, ainsi, de Doullens à Amiens, et *vice versà*.

Si *Bernaville*, si *Domart*, si *Flixecourt* tiennent à être desservis par un chemin de fer, qu'ils s'associent à l'œuvre de Messieurs *Saint* frères, qui ont si noblement donné un grand exemple, que seuls pouvaient donner du reste des industriels de premier ordre; qu'ils complètent cette œuvre, et tout le monde y applaudira. En sachant attendre, ils verront même grandir l'espoir d'un concours, qui ne saurait être immédiat, en présence d'intérêts bien autrement pressants qui réclament impérieusement ailleurs.

Mais que pour attribuer le caractère d'*utilité publique* à un rail-way construit par et pour l'intérêt privé, on prenne à partie l'assemblée départementale et les fonds dont elle dispose; qu'on impose à la génération présente, qu'on impose à la postérité un allongement énorme de parcours, entre Doullens et Amiens, et cela, avec les inconvénients inhérents à tout emprunt d'une ligne étrangère, c'est ce qui n'est point admissible..., et les subventions administratives, nous en avons la conviction, ne se laisseront point entraîner à la remorque d'une erreur, pour racheter ou pour patronner des entreprises que n'a pas signées l'intérêt général.

Sauf une différence de quelques kilomètres, le chemin par Hangest n'a pas plus que le chemin par Longpré, le droit de s'intituler : « *Chemin de Doullens à Amiens* ».

2° Le tracé de *Frévent à Hangest* (par Doullens et Flixecourt) et d'*Hangest sur Poix* a-t-il une telle raison, une telle nécessité d'être, que la préférence des fonds départementaux doive immédiatement lui appartenir par droit de priorité et d'urgence ?

S'il s'agit, quant à Poix, de rapprocher des foyers, soit industriels, soit domestiques de sa circonscription, le combustible minéral, il appert que, d'ores et déjà, il le reçoit des houillères de la Flandre et de l'Artois, presque aussi avantageusement par la ligne du Nord et par celle de Saint-Quentin, qu'il le recevrait par un rail-way de Frévent à Hangest avec raccordement d'Hangest [1] sur Poix et Senarpont.

[1] Le tronçon d'Hangest à Poix, long de 26 kilom., est évalué à 3,241,000 fr.
Celui de Poix à Senarpont long de 25 kilom. 428 m., est évalué à 3,200,000 fr.

Ensemble. 51 kilom. 428 m. 6,441.000 fr.

Or, *la subvention départementale*, au taux de 45,000 fr. par kilom., terrains compris, se serait élevée pour cette section de la Somme à la Bresle, par Poix, au chiffre de 2,571,408 fr.

Si la Somme et la Bresle ont à se rattacher l'une à l'autre, ce ne saurait être, tout d'abord, que par la ligne de Lille au Hâvre...

1

Il est même permis de dire que sans rien gagner comme distance, sous ce rapport, Poix serait bien plutôt exposé à perdre, comme taux du transport, les tarifs des chemins de fer d'intérêt local n'étant pas susceptibles de descendre de suite au niveau des tarifs de nos grandes compagnies, des tarifs de la compagnie du Nord, surtout, en matière de charbon.

S'il s'agit de relier la ligne de Lille à celle de Rouen, il nous semble qu'il y a précisément à Amiens une jonction de ces deux lignes, bien calculée pour l'intérêt général; que le tronçon d'Hangest à Poix, par Molliens-Vidame et Frénoy, ne serait presque qu'un duplicata et un duplicata onéreux du tronçon d'Amiens à Poix, par Pont-de-Metz, Bacouel, Namps et Frémontiers, dont elle appauvrirait encore le trafic déjà restreint, sans nourrir plus amplement les rapports que la ville d'Amiens entretient d'habitude dans la vallée de la Bresle.

En dehors de ces considérations, la personnalité communale ou même cantonale de Poix [1], à laquelle le patriotisme a pu, dans son illusion fort excusable d'ailleurs, prêter une importance capitale, n'a, selon nous, aucun titre à obtenir une seconde ligne de fer, alors qu'elle devrait s'estimer fort heureuse d'en posséder une, et une à proximité du croisement d'une autre.

[1] Pouvait-on, en conscience, quand il s'agissait d'opérer le *classement des chemins de fer d'intérêt local*,

1° Y admettre *la section d'Hangest à Senarpont, par Poix*, que M. l'Ingénieur en chef mettait, fort naturellement, en dernière ligne, c'est-à-dire après les projets auxquels sont si directement intéressés Péronne, Montdidier et Doullens, qui attendent justice depuis si longtemps ?

2° En exclure *la section d'Auxi le-Château à Gamaches*, que le même fonctionnaire avait, dans sa haute appréciation, placée en *première ligne et même hors ligne* ?

Elle doit bien comprendre que le placement des subsides départementaux est requis par des exigences qui priment de beaucoup celles dont on a essayé de former un faisceau dans la délibération municipale du chef-lieu de ce canton.

Ainsi le chemin de *Frévent à Hangest*, par Doullens, quand on considère l'étendue de son parcours, la difficulté de son exécution, la somme de capitaux qu'il absorberait par cette double cause, ne peut s'appuyer, comme motif déterminant de sa création, ni sur l'importance d'un rapprochement (qu'il n'opérerait pas, tant s'en faut!) entre Doullens et Amiens; ni sur l'importance d'un raccordement entre la ligne du Nord et celle de Rouen, raccordement qui existe dans des conditions suffisamment larges pour desservir les relations d'Amiens avec la vallée de la Bresle; ni sur l'importance propre de Poix, qui, dans son ambition bien naturelle d'élévation locale, désirerait le superflu, quand d'autres parties de la Somme, non moins intéressantes, courent après le nécessaire.

Si Poix insistait sur ce que sa position géographique a de favorable, sinon comme point d'aboutissement d'un projet de *Frévent à Hangest*, au moins comme étape placée sur le rail-way qui, de Frévent et en remontant

A quel résultat fût-on arrivé, si l'éloquent organe de Poix eut rencontré de l'écho? — On eut vu :

1° Un canton de 10,000 à 11,000 âmes au centre de quatre voies ferrées, celle de Paris à Boulogne, celle de Saint-Quentin à Rouen, celle d'Hangest à Senarpont et celle d'Abancourt au Tréport.

2° Par contre, un arrondissement de 141,000 à 142,000 habitants, réduit, comme il l'est depuis plus de vingt ans, à se contenter d'une ligne, qui le traverse dans un seul sens, de l'Est à l'Ouest...

Et pour mettre le comble à cette anomalie, le vaste arrondissement ainsi dépouillé eut encore eu à payer un tribut de 600,000 fr., au petit canton privilégié!

plus haut, d'Arras, conduirait à Beauvais ; sur ce que, entre ces deux villes chefs-lieux, il y aurait une abréviation de vingt kilomètres eu égard à leur distance actuelle par la ligne du Nord ; nous répondrions avec M. l'Ingénieur en chef (voir le rapport de M. Fuix, page 11) :

« Oui, la distance d'*Arras à Beauvais* se trouverait raccourcie par la nouvelle ligne ; en effet, il y a aujourd'hui entre ces deux points, une distance de 177 kilom. mesurée sur la ligne du *Nord*. Par le chemin d'*Arras à Beauvais* prolongé sur ou vers *Poix*, cette distance ne serait plus que de 157 kilom. environ. Ce serait, sans doute, une réduction notable de la longueur *réelle*.

« Mais l'essentiel est de considérer et de comparer entre eux les frais d'exploitation, si l'on veut juger de la valeur et des avantages relatifs de deux lignes à points de départ et d'arrivée communs. Or, on conviendra aisément qu'une ligne sur laquelle la moitié des déclivités sera de 8 à 12 *millimètres* par mètre, soit en moyenne de 10 *millimètres*, sera d'une exploitation plus coûteuse qu'une ligne plus longue d'environ un huitième, mais dont les déclivités n'excèderont pas six *millimètres*. Pour moi, je n'hésite pas à affirmer que la ligne d'Arras à Beauvais par Doullens et Poix exigerait au moins 20 0/0 d'exploitation, en sus des dépenses de même nature faites sur la portion qui lui correspond dans le réseau du *Nord*. »

Enfin, le projet de Frévent à Hangest par Doullens tombe, à quelques kilomètres de différence près, sous le coup des arguments qui ont fait justice, selon nous, du projet de *Frévent à Longpré* par Doullens.

IV

Projet de Doullens à Amiens par les vallées de l'Authie et de l'Hallue.

Nous commençons, ici, à sortir du domaine quelque peu imaginaire, auquel des souhaits plus ou moins intempérants, des interventions plus ou moins puissantes avaient semblé, pour un moment, ouvrir la perspective d'une réalisation ; que des temporisations sages, à la suite de discussions vives, ont ajournées, pour longtemps, nous l'espérons, grâce à un examen plus froid des prétentions comparées et à l'autorité du principe de la prééminence des droits, établie par la pondération de leur valeur respective... principe qui devait prévaloir, les nuages une fois dissipés, au sein d'une assemblée départementale, dont les membres sont trop justes pour céder à l'arbitraire et trop loyaux pour tourner à l'exclusivisme, dans leurs décisions et dans les votes qui en sont la sanction suprême.

Nous rentrons, Messieurs, dans le vrai des situations, en mettant aujourd'hui le pied sur le terrain que doit, en fin de compte, sillonner la locomotive, destinée à fonctionner, comme la navette d'un métier [1], entre Doullens et Amiens.

[1] La locomotive n'est-elle pas, en réalité, un instrument d'industrie?

Réunira-t-on ces deux villes *par les vallées de l'Authie et de l'Hallue*? Les réunira-t-on *par les plateaux*? — *That is the question*.

Le premier de ces tracés est évidemment plus long que son rival, mais évidemment aussi, il est moins accidenté.

Je sais que notre éminent collègue, M. *Mary*, Inspecteur général des Ponts-et-Chaussées, dont la compétence absolue et l'expérience consommée offrent tant de garanties en la matière, a terminé son lumineux rapport à l'assemblée départementale, en concluant qu'il faut « appuyer le tracé par les « vallées de l'Authie et de l'Hallue, qui est celui qui diffère « le moins, sous le rapport des pentes, du tracé de la ligne du « Nord... »

Mais il est essentiel, avant de s'emparer de cette appréciation, comme d'une base, de rappeler que, à l'époque où elle a été formulée, la lutte ne s'établissait encore qu'entre trois tracés, celui par *Longpré*, celui par *Hangest* et celui par *Daours* (vallées de l'Authie et de l'Hallue); — que le savant rapporteur ne s'est rattaché au dernier, que pour éliminer les deux autres, qui manquaient également le but.

Ce n'est que depuis la session du Conseil général (séance du 2 7bre 1867) que le tracé *Barrault*, le premier étudié dans l'intérêt de Doullens, que le tracé *Barrault* qui avait été injustement condamné, sous l'action, sans doute, de jugements précipités, d'intérêts contraires ou d'influences hostiles, en a appelé de sa condamnation, comme d'une erreur judiciaire, et a sollicité avec autant d'instance que de raison, par la bouche d'un homme convaincu et convaincant, par la bouche de l'intelligent et énergique Président [1] de la Chambre

[1] M. *Vulfran Mollet*, ancien membre du Conseil général, où l'industrie et le commerce d'Amiens lui doivent le premier siége, dont leurs votes pourront disposer.

de commerce d'Amiens, que les pièces du procès fussent révisées devant un tribunal aussi éclairé que consciencieux... Et la révision a eu lieu, et l'arrêt a été rapporté, et le projet *Barrault* a été relevé de la déchéance qu'il avait encourue, on ne sait trop comment.

C'est donc, désormais, entre le projet de rail-way *par les vallées de l'Authie et de l'Hallue* et le projet *Barrault*, qui a reçu la dénomination de chemin de fer *par les plateaux* que la lutte s'établit en dernière analyse.

Acculé à la nécessité de choisir entre deux compétiteurs qui se recommandent par des titres fort sérieux, d'un côté comme de l'autre, et bien résolu à poursuivre uniquement le vrai, là où il est réellement, nous nous bornerons à exposer les moyens que chacun d'eux peut invoquer dans la cause.

I. Quels seraient *les avantages*, quels seraient *les inconvénients* d'une ligne qui, en sortant de la gare de Doullens, franchirait à niveau la route impériale n° 25 (de Lille au Hâvre); puis, s'infléchissant vers l'Est, suivrait la *vallée d'Authie* jusqu'à Marieux, d'où contournant les côteaux de Raincheval et de Toutencourt, elle pénétrerait dans la *vallée de l'Hallue* entre Contay et Vadencourt, avant de traverser Querrieux et Daours, pour se souder au chemin de fer du Nord, à la hauteur de Vecquemont, en aval de Corbie et en amont d'Amiens ?

Les avantages ?

Les voici, soit absolument parlant, soit comparativement :

Vu la différence d'altitude dans les points culminants, la

moyenne des pentes et des rampes est plus faible par les vallées de l'Authie et de l'Hallue que par les plateaux.

Ce tracé remplit parfaitement les conditions du programme imposé par le Conseil Général pour les chemins de fer départementaux. — Voie à la largeur de 1 m 50 ; — rails au poids de 36 kilogrammes par mètre ; — matériel exactement pareil à celui des grandes compagnies ; — *maximum* des déclivités, 0m 12c par mètre, — *minimum* du rayon des courbes 300 m.

Il semble présenter une économie de 500,000 fr. dans la dépense de premier établissement, à raison du prêt que lui fera (moyennant redevance, toutefois) la compagnie du Nord, sur les 10 k. 400 m. qui séparent Vacquemont d'Amiens.

Les inconvénients ?

Le tracé ne sillonne qu'un côté de l'arrondissement de Doullens; il fait, sur une notable partie de son parcours, invasion dans la zône de la ligne d'Arras à Amiens, dont il soutire en partie le trafic, et il ne se porte vers le Pas-de-Calais qu'en s'éloignant de la Somme, dont il dessert évidemment moins les intérêts qu'un tracé qui se rapprocherait davantage du milieu de notre département.

Il dépossède, purement et simplement, de l'activité à laquelle les a accoutumés une longue habitude désormais consacrée par une légitime prescription, les pays riverains de la route impériale n° 16 (d'Amiens à Doullens), et il les dépossède sans indemnité aucune, alors que l'utilité publique n'explique et ne nécessite pas une expropriation forcée.

Il se constitue, par le tronçon terminal, qu'il emprunte au chemin de fer du Nord, en état de vassalité vis-à-vis d'une grande compagnie, d'une véritable puissance, sans pressentir assez le poids du joug qu'il assume, et sans compter avec les embarras, les ennuis et les dommages qu'une telle servitude peut entraîner pour les actionnaires, pour les voyageurs, et pour les marchandises.

Il présente un développement supérieur d'un cinquième à l'étendue de la ligne opposée.

Quant à la densité des populations, et aux ressources prévues du trafic, les deux côtés paraissent se balancer ou à peu près.

Somme toute, il n'est pas permis de songer au projet de Doullens à Amiens par *Longpré*, ni au projet de Doullens à Amiens par *Hangest*, quand on a considéré tant soit peu les plans, puis réfléchi et calculé, en présence du projet de Doullens à Amiens par les vallées de l'Authie et de l'Hallue.

Vainqueur à ce double égard, le *projet par les vallées de l'Authie et de l'Hallue* gardera-t-il la victoire vis-à-vis du *projet par les plateaux ?*

C'est ce qui nous reste à examiner.

V

Projet d'un tracé de Doullens à Amiens par les plateaux.

Retournons sur nos pas, et partant de l'embarcadère de Doullens, revenons à Amiens, en suivant une nouvelle direction; — nous cheminons d'abord dans la vallée de Gézaincourt d'où nous gravissons peu à peu les côteaux qui doivent nous élever jusqu'à la plaine, plus ou moins accidentée, dans laquelle nous rencontrons la voie de terre, la voie battue, dont les rapports du chef-lieu d'arrondissement avec le siége préfectoral ont été forcés de se contenter jusqu'à présent.

Retournons sur nos pas, et laissons nous piloter cette fois par Monsieur l'Ingénieur *Barrault*, qui connaît son terrain, pour l'avoir bien exploré, bien interrogé, bien jugé, alors qu'il était, en 1865, chargé par un comité spécial de découvrir le rail-way le plus favorable à établir entre Doullens et Amiens.

Aussi bien, cet homme de la science et de l'impartialité à la la fois s'était scrupuleusement attaché, par respect pour les traditions qui créent des droits incontestables, à se rapprocher le plus possible, dans ses études techniques, de la route impériale n° 16, de manière à changer plutôt le mode que la ligne de circulation entre les deux places.

Malheureusement, M. *Barrault*, qui avait si judicieusement préparé son œuvre, comme le prouvent les mémoires et le devis qu'il a laissés, succombait avant d'avoir pu la réaliser; et cette œuvre, qui renfermait pourtant en elle-même tous ses éléments de justification, des fossoyeurs intéressés l'enterraient (le même jour que son auteur), sous le fallacieux prétexte d'impossibilités pratiques dans l'exécution; mais le moment de leur exhumation devait arriver. — La ville d'Amiens dont les intérêts sont si heureusement confiés à la vigilance tutélaire de son Conseil municipal, de sa Chambre de commerce et de sa Société industrielle jeta un triple cri d'alarme, à l'heure suprême où le Conseil général, entraîné par l'ardeur et le zèle qui ont souvent le tort de se hâter trop, était sur le point de statuer... Et l'intervention aussi importante qu'opportune de ces corps constitués suspendit, puis changea la marche des choses.

En effet, le dossier qui contenait toutes les pièces du projet *Barrault* fut soumis à un contrôle très-sévère et très-approfondi; les appréciations erronées et les exagérations passionnées, dont il avait été l'objet, furent rectifiées une à une; des hommes sérieux non moins que pertinents fermèrent l'oreille aux recommandations, et ouvrirent les yeux, afin de chercher loyalement la vérité quand même.... Et la vérité secouant, enfin, le linceul des influences sortit radieuse du fond des ténèbres où on l'avait ensevelie.

On sait désormais, à n'en pouvoir plus douter, quels sont *les avantages* et *les inconvénients de la ligne par les plateaux*.

Les avantages ?

Elle raccourcit de neuf kilomètres la distance de Doullens à Amiens, en la réduisant à 39 k. au lieu de 48 k. que mesure encore le tracé par les *vallées de l'Authie et de l'Hallues*.

Elle remplit, elle aussi, les conditions exigées par le programme du Conseil général, quant aux pentes, aux rampes et aux courbes ;

Elle traverse une bien plus grande partie de l'arrondissement que sa concurrente.

Elle conserve, ou à peu près, le courant d'activité acquis aux groupes de villages qui longent la route impériale n° 16, et qui seraient frappés, si un vote venait les reléguer dans l'abandon et dans l'oubli.

Elle n'attente pas à la sphère d'exploitation du chemin de fer du Nord, et n'altère en rien l'*équilibre des grands réseaux créés par l'État*[1] attendu les proportions équitables d'écartement d'après lesquelles elle a été dressée.

Elle donnera même, probablement, un jour, naissance à un affluent nouveau pour cette grande ligne par un embranchement de Beauquesne sur Hangest, par Canaples et Flixecourt... et nous applaudirons alors (comme M. l'Ingénieur en chef) « si une étude minutieuse fait jaillir une combinaison qui « permette de tirer parti du chemin établi par *MM. Saint*, en « l'englobant dans un rail-way d'intérêt public »

Elle reste maîtresse d'elle-même, sans se subordonner par un emprunt de 10 kil. 400 m. à une compagnie suzeraine.

Les inconvénients ?

Elle requiert un fonds de premier établissement supérieur

[1] Circulaire ministérielle du 12 août 1865 formant instruction à la suite de la loi du 12 juillet sur les chemins de fer d'intérêt local.

de 500,000 ou 600,000 fr. à celui que coûterait la ligne opposée, parce que celle-ci se dispenserait de construire les 10 kil. 400 m. qu'elle emprunterait (non sans payer pension,) au chemin de fer de Lille à Amiens; différence, « reconnaît M. l'Ingénieur en chef, qui n'estpoint assez grande « pour empêcher d'adopter le tracé par les plateaux, si ce « tracé présente des avantages [1] à d'autres points de vue.

Elle fait pressentir quelques difficultés de plus, dans l'exécution ; quelques frais de plus, dans l'exploitation.

Elle fait craindre, dès lors, un intérêt moindre, bien que suffisamment rémunératoire, cependantt, au capital qui s'engagera dans l'entreprise.

Tel est, selon nous, le fort et le faible de chacun des projets sur lesquels vous avez à formuler une résolution.

J'ai terminé, Messieurs, l'exposé des quatre branches de la question si complexe du rail-way qui doit devenir le lien d'Amiens avec Doullens.

J'ai visé à vous épargner les aridités de maintes données techniques, que vous pourrez puiser, d'ailleurs, comme je les ai puisées moi-même, dans les travaux de MM. les Ingénieurs, dont la noble mission est de tenir la science au service des idées de progrès, quand un dévouement intelligent à la chose publique les a inspirées et que la réflexion, affermie par la lutte et la contradiction, les a consacrées.

J'ai condensé toutes les considérations susceptibles, dans l'espèce, d'éclairer vos déterminations et de fixer le véritable caractère du *Dire* que l'autorité supérieure attend de vous,

[1] Ces avantages à d'autres points de vue viennent d'être énumérés.

à l'enquête administrative qu'elle a ouverte, afin que toutes les opinions pussent librement se produire ; et c'est avec une conviction fortement murie que je soumets à votre approbation les propositions suivantes :

I. Comme voie ferrée entre Doullens et Amiens, il n'y a pas lieu de s'arrêter aux tracés, soit par Longpré, soit par Hangest-sur-Somme.

L'intérêt de la circulation, en général, proteste contre un allongement qui serait (vis-à-vis de la voie de terre) de 34 kilomètres, par Longpré, de 26 kilomètres par Hangest ; — allongement qui ferait peser, à toujours, sur les voyageurs et sur les marchandises, une hypothèque dont nous serions coupables de grever nos contemporains, de grever nos descendants.

L'intérêt des points extrêmes s'oppose, non moins vivement, à ce que, sous prétexte de faciliter leurs communications, on vienne, au lieu de rapprocher les deux villes, les éloigner réciproquement, en doublant, ou à peu près, l'intervalle géographique, par lequel la nature les a séparées. — Personne n'ignore que les tarifs sont dressés en raison directe de l'échelle kilométrique, et que, avec le nombre de kilomètres, s'accroît le temps ainsi que la dépense du voyage.

L'intérêt d'Abbeville est solidaire, ici, de l'intérêt général, solidaire aussi de l'intérêt de Doullens et de l'intérêt d'Amiens.— Plus, en effet, la direction tendra à se rectifier, entre Doullens et Amiens, plus elle approchera de la perpendiculaire, plus elle nous exonérera de la parallèle, qui, de Doullens à Longpré, s'avançait comme un défi, comme une inquiétude auprès de la ligne si simple, si naturelle et si logique de Lille au Hâvre, dans sa section de la Canche à l'Authie et de l'Authie à la Somme, de Frévent à Auxi-le-Château et d'Auxi-le-Château à Abbeville.

II. Comme voie ferrée entre Doullens et Amiens, deux projets sagement conçus et scrupuleusement étudiés sur le terrain de la vérité, cette fois, restent seuls dans l'arêne.

Le premier s'excuse d'être sinueux avec les *vallées de l'Authie et de l'Hallue* qu'il adopte, et de mesurer, par là, 48 kilomètres au lieu de 39; mais il excipe, bien haut, de l'économie notable à réaliser dans la dépense primitive de sa création, dans la dépense quotidienne de son exploitation; il va jusqu'à prétendre que si son rival est plus court kilométriquement, il ne l'est pas effectivement, en raison des retards forcés que lui imposeraient les rampes rapides et nombreuses dont il est hérissé.

Le second ne nie pas que, *par les plateaux*, il doive être un peu plus onéreux à établir, un peu plus onéreux à exploiter, que par les vallées; mais il se prévaut de l'abréviation énorme, qu'il garantit, par un trajet de 39 k. au lieu de 48.

Cette considération, Messieurs, n'a pas cessé de nous dominer durant tout le cours de l'étude que vous avez bien voulu nous confier, et nous n'hésitons pas à vous déclarer que nous nous inclinerions sous sa prépondérance définitive.

Aussi bien, la différence qu'elle offre, par rapport à la ligne rivale, au double point de vue des difficultés d'exécution et des charges d'exploitation, cette différence sera infailliblement rachetée par le Conseil général de la Somme, qui voudra, rien que au nom du principe de la justice distributive, que nous avons invoqué déjà [1] en faveur de Doullens, neutraliser des obstacles exceptionnels d'accomplissement, par un vote exceptionnel de subvention [2].... d'autant plus que la ligne droite une fois achetée par des sacrifices (qui resteront un bon placement), tous les intérêts de toute nature, qui gravitent ou graviteront du chef-lieu d'arrondissement, à son centre départemental, auront, à tout jamais, la meilleure garantie.

La cause, Messieurs, me paraît suffisamment élucidée, j'ai l'honneur de vous proposer, en conséquence :

1° D'écarter, sans restriction aucune, les tracés impossibles qui de Doullens n'aboutiraient à Amiens qu'en se raccordant avec la ligne du Nord, soit à Longpré, soit à Hangest ;

2° De donner, comme *conclusion principale*, *votre préférence à la ligne par les plateaux* qui réalise, avec le projet *Borrault*, le trait-d'union le plus rationnel entre les deux cités à rapprocher ;

3° D'accorder, comme *conclusion subsidiaire* (pour le cas où, malgré les intérêts de Doullens et d'Amiens, que nous croyons bien apprécier, la ligne par les plateaux ne serait point adoptée), *votre adhésion à la ligne par les vallées* de l'Authie et de l'Hallue.

[1] Ci-devant page 9.

[2] Nous voyons que le département de l'Eure concède des chemins de fer d'intérêt local avec une subvention kilométrique de 61,000 fr. (terrain compris); — que le département de l'Hérault a élevé le chiffre de son concours jusqu'à 83,000 fr. *Moniteur du* 5 *Juin*.

Et la Chambre de commerce de l'arrondissement d'Abbeville,

Après avoir suivi, avec une attention religieuse, sur les cartes topographiques, qui sont déroulées devant elle, les arguments aussi clairs que décisifs dont est tissu le travail de son rapporteur,

La Chambre *se prononce à l'unanimité :*

I. Pour *l'exclusion absolue du tracé de Doullens à Amiens, par Longpré ou par Hangest ;*

II. Pour l'*adoption*, comme *conclusion principale, du tracé par les plateaux ;*

III. Pour l'*admission*, comme *conclusion, subsidiaire, du tracé par les vallées ;*

Ainsi fait et délibéré à Abbeville, les jour, mois et an que dessus.

Signé : A. Courbet-Poulard, président et rapporteur ; Desgardin (du Crotoy), H. Le Dieu, Lemaitre-Riquier, A. Lottin, A. Monchaux, J. Vayson et Falaize-Joly, secrétaire.

ANNEXES

DOULLENS [1]

I. — *Ce qu'Abbeville a été pour Doullens*, dans la grande question de l'établissement des chemins de fer, appelés à desservir les intérêts, soit généraux, soit départementaux, il nous est facile de le prouver par de simples citations :

1° *Extrait du procès-verbal de la séance tenue, le 19 janvier 1863, par le Comité central du chemin de fer de Lille au Hâvre, en l'hôtel de la Mairie d'Abbeville, page 12.*

« ... Doullens a intérêt à élever la voix ; mais, cette ville aurait une « satisfaction rationnelle, si un embranchement venait au devant d'elle « le long de l'Authie, pour la relier au mouvement général, dont elle est « malencontreusement isolée ; situation regrettable, à laquelle il faut « tacher équitablement de remédier, le plus tôt et le mieux possible.

« Il n'y aurait plus rien à désirer, surtout si un tronçon venait « d'Albert joindre, à Doullens même, le tronçon (de la ligne du Hâvre à « Lille) parti d'Auxi-le-Château, de manière à raccorder, du même « coup, ce chef-lieu d'arrondissement avec deux grandes lignes de fer, « l'une à l'ouest, l'autre à l'est. — (même page, en note). »

2° *Extrait de la délibération de la Chambre de commerce d'Abbeville, dans sa séance du 14 mars 1867, p. 25 et 26.*

« ... Considérant qu'il y a une urgence impérieuse, pour Doullens, de « sortir du désert où il se trouve relégué..., que Doullens a, conséquem- « ment, droit à ce qu'on l'amène à prendre directement sa part dans le « fond commun de vitalité que créent les chemins de fer.

. . . .

« Considérant qu'il paraîtrait opportun, pour satisfaire à tous les inté- « rêts, sans les compliquer, qu'une corde d'arc tirée d'Albert à Auxi-le-

[1] Cette *annexe* répond à la note de la page 9 du travail qui précède.

« Château vint rattacher, du même coup, Doullens et à la ligne du Nord, « qui existe, et à la ligne du Nord-Ouest (celle de Lille au Hâvre, par « Auxi-le-Château, Abbeville et Dieppe), dont la nécessité est si pleinement « justifiée ;

« Que si ce tracé conciliateur ne prévalait pas, *nous serions d'avis, « pour Doullens et avec Doullens, qu'il fut rapproché du chef-lieu par « un trait-d'union plus court et plus droit que la ligne longue et brisée « qui le ferait aboutir à Amiens par Hangest.* »

3° *Extrait du procès-verbal de la séance tenue, le* 16 *mai* 1867, *en la Mairie d'Abbeville, par le Comité central, etc.*

« ... Il est dû à Doullens une voie qui le relie à Amiens, son centre « préfectoral. — Mais *une fois relié à Amiens* où il veut aller, *et relié « par une voie courte, dut-elle être plus couteuse*, quel droit lui reste-« t-il véritablement ?

« Doullens serait-il fondé à venir (pour se rendre au chef-lieu par « une courbe qui doublerait presque le trajet et, conséquemment, les « frais de circulation entre les deux villes) nous frustrer de nos relations « immémoriales avec Dieppe et avec le Hâvre, en nous forçant à subir, « par Longpré, une augmentation considérable de la distance qui nous « sépare actuellement de ces ports ? — Assurément, dans cette hypothèse, « Doullens ne serait point satisfait ; Abbeville le serait encore moins

« Or, l'administration supérieure ne nous a jamais donné le droit de « douter d'elle ; l'administration supérieure veille, avec une égale sollici-« tude, sur les intérêts de tous..... »

4° *Extrait du dire arrêté par la Chambre de commerce d'Abbeville, pour être déposé à l'enquête sur les projets de chemins de fer entre Doullens et Amiens (juillet* 1867*).*

« ... Il est évident, *si c'est Doullens que l'on veut servir*, en reliant « cette ville, comme elle y a droit, avec son centre administratif, Amiens ; « il est évident, que, par les vallées de l'Authie et de l'Hallue, peut-être « même encore par un tracé plus abrégé, Doullens serait en communica-« tion directe avec le cœur de la France, avec la ville préfectorale, bien « autrement que par Longpré.....

« *La ligne directe d'Amiens à Doullens, poussée jusqu'à Auxi-le-*

« *Château*, offrirait, d'ailleurs à Amiens, un débouché vers le N. N.-O. du « Pas-de-Calais, qui manque de centres importants.....

. . . .

« Et la Chambre appuie de toute sa raison, la création d'une ligne « d'Amiens à Doullens, voire même avec prolongement jusqu'à Auxi-le- « Château, par les vallées de l'Hallue et de l'Authie, sinon mieux. »

II. — *Ce que Doullens a été pour Abbeville??*

L'histoire des *chemins de fer de la Somme* gardera, certainement, la date mémorable du 19 mars 1867, date à laquelle, emportés par un courant aussi irrésistible que l'intérêt, Doullens, Montdidier, Péronne et Amiens s'étaient ligués soudain contre Abbeville, dont le sacrifice, sans doute, semblait une condition indispensable à leur salut.

Une commission du Conseil général (durant la session extraordinaire) était chargée d'étudier et de proposer le meilleur *classement à faire des chemins de fer d'intérêt local*, conformément à la loi du 12 juillet 1865. Or, cette commission, composée de quinze [1] membres, et présidée par l'honorable député de Doullens (que ses mandataires ne remercieront jamais assez d'un dévouement, dont l'ardeur nous a causé tant d'anxiété [2] et d'insomnies!) tendait presque unanimement, après plu-

[1] Soit trois membres par arrondissement. — Nous avions protesté contre cette manière de procéder, comme peu équitable, l'équité voulant ce semble, la plus exacte proportionnalité entre le nombre des mandataires et celui des mandants. Nous avions demandé que dans la commission chaque arrondissement fut représenté plus ou moins largement, selon l'importance plus ou moins considérable de sa population.... et néanmoins, comme la pauvre Cassandre.... nous avons été entendu, mais non écouté — Nous avons dû nous incliner, en conséquence, sous un vote... qui a admis, là, un principe contraire à celui que consacre la loi sur les élections législatives. — Un député par chaque groupe de 35,000 habitants et non un député par arrondissement, les arrondissements différant de l'un à l'autre comme importance, alors que le chiffre de 35,000 habitants est le même partout. — Suivant ce système, à base défectueuse, Doullens et Montdidier qui vont ensemble à 127,000, habitants avaient six voix, quand Abbeville qui seul, en compte 141,000, n'avait que trois voix... — Nous nous bornons à constater ici le fait que nous avons essayé, en vain, d'empêcher (comme en témoignent les procès-verbaux du Conseil général) et nous le constatons pour notre décharge personnelle auprès d'Abbeville, dont les intérêts ont eu, ont et auront toujours en nous un défenseur infatigable.

[2] Nous entendons encore sortir de la bouche d'un de nos honorables collègues qui, se croyant bien vainqueur et nous croyant bien vaincu, le 19 mars, au soir, nous lançait, avec une petite ironie mal contenue, ce gracieux compliment de condoléance « Du moins, mon cher collègue, vous aurez le droit de vous consoler en répétant ce vers du poëte latin:

..... Si Pergama dextrà
defendi possint, etiàm hàc defensa fuissent.

Nous avons vu de trop près les hommes et les choses de ce monde, pour nous payer de mots et pour nous endormir au charme d'un souvenir classique. — Nous ne déposerons pas les armes, que la question ne soit irrévocablement tranchée; nous compterons, en dépit de tous les pronostics qui voudraient décourager nos efforts, sur le triomphe final d'une cause excellente, dans laquelle nous avons foi quand même, parce que la raison doit toujours finir par avoir raison.

sieurs séances, à exclure Abbeville de toute participation au réseau ferré, qu'il s'agissait de créer!!!

Ainsi, un fonds de sept à huit millions aurait été constitué, pour subventionner les lignes départementales ; Abbeville aurait contribué, jusqu'à concurrence du quart, à former ce fonds... et la répartition en aurait été faite uniquement entre Doullens, Montdidier, Péronne et Amiens ; nous nous serions trouvé, par là, frustré dans notre attente, à l'égard du chemin de Lille au Hâvre, dont la prépondérance, vis-à-vis de tous les autres, est si heureusement proclamée pourtant, par M. l'Ingénieur en chef, dans son travail d'ensemble.

Tel est l'arrêt incroyable, impossible et pourtant réel qu'allait prononcer une majorité de 13 voix sur 15!

Cet *arrêt*, fort heureusement, fut *réservé in petto*; il y eut *remise pour le prononcé et sursis pour l'exécution* ... Moyennant cette remise et ce sursis, dûs à la sagesse des juges, qui voulurent sans doute, décliner tout reproche de précipitation dans une affaire aussi grave ; dûs, plus encore, peut être (notre gratitude tient à le consigner ici), à la bienveillante sympathie qui règne, entre collègues, dans l'assemblée départementale ; — moyennant cette remise et ce sursis, la question parviendra certainement à se dégager des préventions qui l'obscurcissaient et des intérêts trop pressés qui la rétrécissaient, le *gouvernement* (nous en avons la confiance profonde) *reconnaissant toute la valeur de la ligne d'Artois en Normandie la comprendra*, suivant les conclusions de M. l'Ingénieur en chef, les propositions de l'administration et les sollicitations du Conseil général, dans le *quatrième réseau*. — L'avenir, alors, s'ouvrira dans des conditions telles, qu'il n'y aura plus de mécomptes pour personne, et que M. le Conseiller d'Etat, Préfet de la Somme, dont la sollicitude était livrée à une si rude épreuve, au milieu des tiraillements de la lutte, aura réussi, par son efficace intervention en temps et lieu, à ménager au problème de nos *chemins de fer départementaux* la meilleure des solutions.

Abbeville, dans tous les cas, *sera demain ce qu'il était hier pour Doullens* et il se félicitera le jour où cette intéressante cité et son chaleureux défenseur pourront, eux-mêmes, se féliciter sans retour.

POIX [1]

Nous ne sommes pas, on le voit, du même avis que la commune de Poix, dont la délibération, produite à l'enquête, et publiée dans le *Mémorial d'Amiens*, sous les auspices de M. *Méhaye*, Conseiller général, Ingénieur des Ponts-et-Chaussées, contient plus d'une assertion, au moins hasardée, que nous sommes obligé d'arrêter au passage... Nous citons textuellement quelques extraits de ce travail.

I *Il peut paraître plus commode*, dit l'honorable assemblée, *d'avoir un moindre trajet à faire pour aller d'une ville à l'autre, mais c'est là une simple affaire de convenance...*

Évidemment, c'est la logique de l'intérêt qui donne ici une entorse aux principes les plus simples en la matière ; — heureusement, l'intérêt de la logique reprend ses droits, bientôt après, car, dans le parallèle que ce corps délibérant établit entre le *tracé de Doullens à Hangest avec continuation sur Poix* et le *tracé de Doullens à Longpré avec continuation sur Gamaches*, il s'empresse de signaler « *que la direction vers Gamaches, comparée à la direction par Poix, a le* GRAND INCONVÉNIENT *d'allonger de huit kilomètres, le parcours entre Amiens et Doullens.* »

On se demande, en rapprochant ces deux phrases du même mémoire, comment c'est, tout à coup, un si grand inconvénient qu'une différence de huit kilomètres entre Amiens et Doullens, quand d'une part « *c'est* « *une simple affaire de convenance d'avoir un moindre trajet à faire* « *pour aller d'une ville à l'autre* » ; quand d'autre part, comme le dit très bien le Conseil municipal de Poix, « les intérêts d'Amiens ne sont « réellement pas dans la cause... attendu que jamais ses relations com- « merciales (avec Doullens) ne pourront lui échapper quelle que soit la « solution adoptée... »

II. La commune de Poix affirme, en outre : « que cette ligne (toujours « la ligne sur Longpré et Gamaches, ligne que l'on considère comme « un obstacle à celle par Hangest et Poix) *à supposer que, par impos-* « *sible, on la prolongeât, un jour, jusqu'à Dieppe...*, ne pourra « porter de charbon dans ce port de mer, où les houilles anglaises sont

[1] Cette annexe se rapporte à la page 18 du rapport ci-dessus.

« à moindre prix que les houilles françaises, sur le carreau même
« des puits du Pas-de-Calais..., et que le cabotage sera toujours plus
« économique pour y mener les marchandises du Nord. »

Encore quelques allégations à relever.

1° D'abord, nous n'admettons pas qu'il soit impossible de conduire une ligne de Béthune à Dieppe et au delà, nous croyons même fermement que cette question sera prochainement résolue jusqu'à Abbeville; — qu'elle le sera, bientôt après, jusque dans la Seine-Inférieure, qui nous attire, et dont l'annexion à notre ligne peut seule donner à l'idée primitive (de Lille au Hâvre), toute son ampleur d'utilité, toute sa puissance de rendement.

Les études et les enquêtes, à cette fin, sont terminées en Normandie, sauf pour le petit tronçon qui doit, d'Auffay [1] à Motteville, raccorder la ligne de Rouen à Dieppe avec celle de Rouen au Hâvre.

2° Ensuite, nous nions, documents officiels en mains, que, *à Dieppe, les houilles anglaises soient à moindre prix que les houilles françaises, sur le carreau même des puits du Pas-de-Calais.*

En effet, les charbons du bassin de Béthune, les charbons d'usine (similaires aux charbons d'outre-Manche) valent pris, sur le carreau même du puits d'extraction, 12 fr. (Lettre de M. le maire de Béthune, propriétaire de mines). Les charbons d'usine , provenance anglaise, ressortent à............ 18 fr. 82 sur le quai de Dieppe (Lettre de la Chambre de commerce de Dieppe), de là une différence de 6 fr. 82 qui forme l'erreur grave échappée à la plume du rédacteur municipal de Poix. Nous nous bornons à cette preuve sommaire, mais sans réplique.

3° Enfin, nous protestons contre cette affirmation, si légèrement lancée, « *que le cabotage sera toujours plus économique*, que le chemin de « fer, *pour amener à Dieppe les marchandises du Nord.* »

Qui ne sait que, sur les voies de 100, 200, 300 et même 400 kilomètres de parcours, quand elles longent nos côtes, il n'y a plus de cabotage possible............ La concurrence du railway, avec ses jeux de tarif, au besoin, devant triompher quand même des efforts inévitablement impuissants de la petite navigation.

Qui ne sait que le grand cabotage lui-même est frappé au cœur et

[1] De Dieppe au Hâvre, il y a maintenant un parcours de 132 kilomètres; — par le raccordement d'Auffay (Ligne de Dieppe à Rouen) à Motteville (ligne de Rouen au Hâvre) il n'y en aurait plus que 104, bénéfice net 28 kilo soit 1/4 ou environ de la distance actuelle, racheté par un rail-way, dont la construction ne saurait couter, puisqu'elle se bornerait à 20 ou 21 kilomètres sur un terrain des plus complaisants.

que pour leurs rapports avec la partie septentrionale de l'Empire, les navires de Cette et de Marseille se voient chaque jour déposséder par les locomotives de la Compagnie des chemins de fer du Midi.

En ce qui regarde spécialement *Dunkerque et le Hâvre*, qui sont les deux ports par lesquels pourraient s'échanger le plus économiquement, ce semble, les relations entre la Flandre et la Normandie, nous avons tenu encore à nous éclairer par des données arithmétiques.

« Les chemins de fer, nous écrivait naguère M. le Président de la « Chambre de commerce de Dunkerque, font beaucoup de tort au ca- « botage entre Dunkerque et les différents ports du littoral, et cette si- « tuation ne peut que s'aggraver par l'établissement de nouveaux réseaux « et par la diminution des taxes de transport. »

A l'heure qu'il est :

1° Le frêt pour les houilles coûte, en moyenne, par voiliers (l'on n'expédie pas de houilles par vapeurs) 6 fr. de Dunkerque pour le Hâvre, 5 fr. pour Dieppe.

2° Le transport de Béthune à Dunkerque (86 kilom.) coûte 4 fr. 40 par tonne.

3° Les frais de déchargement des wagons, d'embarquement à bord et de commission, sont de 1 fr. 25.

Ensemble 11 fr. 65 pour le Hâvre et 10 fr. 65 pour Dieppe; quand les chemins de fer, *actuellement*, prennent pour le Hâvre, 12 fr., pour Dieppe, 10 fr. 50.

Qu'on ajoute au frêt, par mer, le prix de l'assurance, l'incertitude de la durée du trajet, etc., etc., et l'on conclura, sans hésitation, à l'accaparement absolu du trafic par la Compagnie concessionnaire le jour où il lui plaira, par l'abaissement [1] de ses tarifs, augmenter les bénéfices de son exploitation, tout en augmentant les facilités du commerce, etc., etc.

[1] « Des hommes spéciaux, d'après *M. Pagezy*, député de l'Hérault, ont, depuis « longtemps, déterminé le chiffre auquel les tarifs deviennent rémunérateurs... L'un « des ingénieurs les plus habiles, en ces matières, et dont la longue expérience est « connue de tous, M. *Eugène Flachat* croit qu'il est possible de transporter des « houilles sur les chemins de fer au prix de deux centimes par kilomètre et « par tonne et même de un centime, si l'on était assuré du retour. » (*séance législative du 5 juin*).

Il résulte de là que le transport par chemin de fer, que nous calculons ici à 11 fr. 65, de Béthune au Hâvre, et à 10 fr. 65 de Béthune à Dieppe, pourrait se faire à un taux encore rémunérateur, moyennant 5 fr. 08 pour la première destination (259 kilom.) et 3 fr. 02 pour la seconde (151 kilom.); — et que s'il y a du retour à prendre soit au Hâvre, soit à Dieppe, le tarif peut descendre à 2 fr. 59 et à 1 fr. 51.

N'est-ce pas une hérésie flagrante d'affirmer que « *le cabotage sera toujours plus économique*, que le chemin de fer, *pour amener les marchandises au Nord ?*

Non certainement, non le cabotage n'est pas et il ne sera jamais plus économique pour amener à Dieppe les marchandises du Nord.

Voilà des chiffres et des raisonnements qui attendent de pied ferme la contradiction.

Nous pourrions nous en tenir là, nous aimons mieux, par surabondance de droit, opposer en ce qui touche le charbon, cet élément essentiel de trafic, sur la ligne de Lille au Hâvre ; nous aimons mieux opposer à la délibération municipale de Poix, qu'a signée un ingénieur (M. *Mehaye*, enfant dévoué de cette commune), quelques lignes du rapport qu'a rédigé sur la matière un autre ingénieur, M. *Frémaux* (étranger à la contrée, et dès lors libre de toute sympathie de clocher), que nous sommes heureux de citer textuellement :

« Le débouché que la ligne principale du réseau nord-ouest [1] doit « ouvrir au bassin de Béthune, dit l'honorable ingénieur d'Abbeville, est « particulièrement digne d'attention. Les produits de ce bassin seront « dirigés, non-seulement sur Dieppe et le Hâvre, mais aussi sur Rouen, « qui consomme tant de houille pour ses filatures.

« Il est facile de se rendre compte de l'économie que l'exploitation des « houillères de Béthune doit procurer dans le prix des charbons sur « ces trois points ainsi que sur d'autres points importants de la ligne

[1] D'après les longueurs trouvées à l'échelle, sur les cartes de l'état-major, suivant le tracé que nous appuyons, voici quel serait le tableau des distances, pour les principales localités desservies par la ligne de Lille au Havre.

DÉSIGNATION des principales localités desservies	DISTANCE entre chaque LOCALITÉ	DISTANCES à partir de LILLE	DISTANCES à partir de BÉTHUNE
LILLE.	0 k.	0 k	0 k.
BÉTHUNE (houillères).	36	36	0
St.-POL (vallée de Ternoise).	29	65	29
FRÉVENT (vallée de la Canche).	15	80	44
AUXI LE CHATEAU (vallée de l'Authie).	14	94	58
ABBEVILLE (vallée de la Somme).	28	122	86
GAMACHES (vallée de la Bresle).	27	149	113
DIEPPE (vallée d'Arques).	41	190	154
LE HAVRE.	105	295	259

« de Lille à Dieppe, comme Gamaches pour la vallée de la Bresle, et Ab-
« beville pour la vallée de la Somme.

« Le charbon pris à Béthune se paie 11 fr., 12 fr., 13 fr. la tonne. « Adoptons ce dernier chiffre pour avoir un prix qui réponde à un « charbon d'excellente qualité. En faisant varier le tarif kilométrique « suivant la distance pour les frais de transport, et en prenant dans « chaque ville le prix moyen du charbon anglais, on a les résultats « suivants :

« Nous ne considérons que les points principaux de consommation, et « nous laissons de côté les petites distances.

Le Hâvre.

« Prix du charbon anglais, la tonne			26 fr.	50 c.
« Prix du charbon de Béthune	Prix à Béthune	13	22	05
	Frais de transport (0 fr. 035 × 259)	9 05		
	Économie par tonne		4	45

Rouen.

« Prix du charbon anglais			31	00
« Prix du charbon de Béthune	Prix à Béthune	13	21	50
	Frais de transport (0 fr. 04 × 213)	8 50		
	Économie par tonne		9	50

Dieppe.

« Prix du charbon anglais			26	50
« Prix du charbon de Béthune	Prix à Béthune	13	19	95
	Frais de transport (0 fr. 045 × 154)	6 95		
	Économie par tonne		6	55

Gamaches (vallée de la Bresle).

« Prix du charbon anglais			34	00
« Prix du charbon de Béthune	Prix à Béthune	13	19	20
	Frais de transport (0 fr. 055 × 113)	6 20		
	Économie par tonne		14	80

Abbeville (vallée de la Somme).

« Prix du charbon anglais			29	35
« Prix du charbon de Béthune	Prix à Béthune	13	18	15
	Frais de transport (0 fr. 06 × 86)	5 15		
	Économie par tonne		11	20

« Ainsi, 4 fr. 45 au Hâvre, 9 fr. 50 à Rouen, 6 fr. 55 à Dieppe, 14 fr. 80
« dans la vallée de la Bresle, et 11 fr. 20 à Abbeville. Telles
« sont les économies par tonne de charbon qu'on doit réaliser sur
« le nouveau débouché ouvert au bassin de Béthune. — Avec un
« bon marché pareil, on est certain de faire une concurrence avanta-
« geuse à l'Angleterre pour les 7 à 800,000 tonnes de houille dont elle
« approvisionne nos côtes du Hâvre à Dunkerque. Ensuite, si l'on songe
« aux points intermédiaires et à la superficie de 18 à 20,000 mètres
« carrés de la région que nous considérons et dans laquelle l'emploi est
« très-peu répandu à cause de son prix trop élevé, on apprécie aisément
« la consommation considérable des combustibles qui seraient tirés
« dorénavant du bassin de Béthune, soit pour les usages domestiques,
« soit pour les industries diverses des localités.

« Ce bassin, qui fournit des houilles de toute qualité, est en mesure
« de satisfaire à cette consommation.

« Les mines de Grenay, Nœux, Bruay, Marles, Ferfai, Anchy-au-
« Bois, Fléchinelle et Vendin, qui avoisinent immédiatement Béthune,
« pourraient être surtout exploitées sur la plus grande échelle sans
« qu'on les épuise sensiblement d'ici à de longues années. »

Nous aurions mis moins d'insistance, peut-être, à réfuter les propositions aventurées par la délibération municipale de Poix, si nous n'avions rencontré trop souvent, de ce côté là, une opposition, en quelque sorte, systématique aux droits si légitimes d'Abbeville et de son vaste arrondissement.

La vérité ne se venge pas, disait bien sagement M. Thiers au Corps législatif (séance du 15 avril 1866), *elle éclaire...*

Et nous n'avons eu d'autre ambition que d'éclairer, tout en nous défendant..... Puissions-nous avoir réussi !

DE LA BASSE SOMME A LA BASSE SEINE [1]

Dans la séance tenue, le 19 janvier 1863, à Abbeville, par le *Comité Central* du chemin de fer projeté entre *Lille et le Hâvre*, nous disions :

« ..... Le tracé qui, partant de Béthune, touche Frévent, Auxi-le-« Château et Saint-Riquier, pour aboutir à Abbeville... n'a pas rencon-« tré d'opposition, tant soit peu sérieuse.

« En poussant cette étude au delà d'Abbeville et jusqu'à Dieppe, nous « avons prêté l'oreille à des aspirations différentes, mais également « respectables...

« Selon la première, qui est la plus ancienne, le rail-way se dirige-« rait d'Abbeville vers Saint-Valery et, de là, se rendrait à Dieppe, par « Eu, en coupant, sur l'un de leurs côtés, les cantons de Saint-Valery « et d'Ault.

« Selon la deuxième, il suivrait, d'abord, la rive gauche de la « Somme, irait ensuite par Cambron, Miannay, Maisnières et la vallée « de la Vimeuse jusqu'à Gamaches, où il franchirait la Bresle, pour « gagner Dieppe, par Envermeu.

« Selon la troisième, il commencerait par longer la Somme, sur sa « rive gauche; puis, s'emparant des petites vallées de la Trie (Saint-« Sulpice) et de la fausse Trie, atteindrait le plateau du Quesnoy, sil-« lonnerait le terroir entre Franleu et Valines, non loin de Chepy [2], et « passerait à proximité d'Ochancourt, de Nibas, de Fressenneville, tou-« cherait Friville-Escarbotin d'où, s'infléchissant, il croiserait la route « du Hâvre à Lille entre Woincourt et Ysengremer et, profitant d'une « dépression de terrain, descendrait vers la Bresle, qu'il traverserait à « Bouvaincourt, *après avoir desservi les besoins immenses de notre dis-« trict serrurier....*

« La distance, mesurée au compas sur les cartes du dépôt de la « guerre, serait :

[1] Voir plus haut page 12.

[2] On sait que *Chepy* forme le noyau de cette agglomération de villages où se cantonne la fabrication des toiles si renommées dans le commerce, sous le nom de *toiles du Vimeu*.

« Par le premier de ces tracés, de soixante-dix-huit kilomètres. 78 k.
« Par le second » » de soixante-huit kilomètres . . 68
« Par le troisième » » de soixante-sept kilomètres . . 67

« Ce dernier tracé, qui reste le plus court, pénètre, en outre, jusqu'au « cœur du groupe industriel d'Escarbotin, qui est seulement entamé « par le premier et contourné par le second... »

Telle était la pensée, que nous avions l'honneur d'exprimer, il y a bientôt six ans, au sein du *Comité Central*, qui nous récompensait par sa pleine adhésion.

L'intérêt puissant qui s'attache spontanément au district serrurier ; l'importance de l'industrie multiple du fer qui s'y cantonne ; le chiffre des six mille travailleurs qui forment son personnel ; la somme et le mérite des produits, qui sortent, chaque jour, de ses usines ; la quantité de trafic qu'y garantit la masse soit des matières premieres, soit du combustible indispensable à leur transformation, soit des matières fabriquées ; l'étendue des distances à parcourir par les marchandises, depuis la mine jusqu'à la forge et depuis la forge jusqu'à la consommation ; la nécessité de déterminer l'abaissement des prix de revient par l'abaissement du taux des transports, et de combattre ainsi l'industrie étrangère, à laquelle les traités de commerce ont ouvert une porte trop large : Tout, dans la question vitale d'un chemin de fer, appelait la sollicitude de la Chambre sur le Vimeu, dont les grandes maisons ont conquis, naguère encore, des distinctions si glorieuses à l'Exposition universelle, et dont les ateliers sont abonnés avec le concours triennal pour les récompenses du département, auquel ils fournissent les plus brillants types de l'intelligence ouvrière ; tout appelait nos justes préférences sur le projet susceptible de desservir d'aussi grands intérêts.

A dater du 25 août 1865, jour où le Conseil général de la Somme votait une allocation de 61,600 *francs destinée aux frais d'études topographiques, techniques et comparatives* des quatre voies *de fer d'intérêt local,* reprises dans le travail de sa commission, et où M. le Préfet ajoutait que, *quoique les conclusions du rapport n'en fissent pas mention, les études comprendraient toutes les variantes proposées* ; — à dater du 25 août 1865, nous comptions que les explorations de la science porteraient principalement, de la Somme à la Bresle, sur les diverses parties du programme, en quelque sorte préparé par le *Comité Central.*

Nous y comptions, tout naturellement, puisque dans les autres arrondissements, on étudiait, pour chaque ligne en cause, plusieurs variantes;

[1] Procès verbaux du Conseil général, pour la session de 1865, page 350.

nous y comptions d'autant plus étroitement, que la caisse départementale n'avait pas à nous marchander son concours, de la Somme à la Bresle, quand nous lui avions épargné tous les [1] frais d'études de l'Authie à la Somme.

Eh bien! notre légitime attente a été frustrée!.. et nous avons eu le regret de voir laisser pour compte, sans autre forme de procès, les divers tracés recommandés par le véritable intérêt de la contrée, à l'attention de l'autorité supérieure.

Loin d'être consulté, le *Comité Central* qui n'était là que l'interprète de la Chambre, à laquelle appartient la tutelle du commerce de son ressort, le *Comité Central* ne fut pas même informé.., et, c'est tout à fait fortuitement s'il apprit, un jour, que sur un *motu proprio* de l'administration des Ponts-et-Chaussées, les conducteurs et piqueurs du service concentraient leurs mouvements, faisaient leurs relevés et plantaient leurs jalons, dans la seule direction à laquelle nous n'eussions jamais pu songer, car, c'eut été un contre-sens, à nous, représentants-nés de l'industrie, de tourner le dos précisément aux groupes industriels qui soupirent après un rail-way pour nous lancer vers des groupes exclusivement agricoles qui n'en veulent pas, parce qu'ils n'en ont pas besoin; et qui n'en ont pas besoin, parce que c'est surtout la moyenne et la petite culture que l'on rencontre là, et que les fermiers comme les ménagers, se suffisent avec les moyens de transport qui leur appartiennent et auxquels ils ne renonceraient qu'aux dépens de l'économie et de la liberté, dans leur va-et-vient.

Encore si la Chambre eut eu le don de se faire écouter? — Malheureusement, il n'en fut point ainsi. Et malgré ses protestations [2] motivées, malgré le mécontentement général du commerce, le travail des ingénieurs suivit invariablement son cours.

[1] Ces frais ont été supportés de la Canche à l'Authie et de l'Authie de la Somme par le *Comité Central*.

[2] Nous tenons à reproduire ici, pour notre décharge absolue, la correspondance échangée entre M. le Président de la Chambre et M. l'Ingénieur.

LETTRE DE M. LE PRÉSIDENT DE LA CHAMBRE DE COMMERCE

Abbeville ce 24 mars 1866.

Le Président de la Chambre de commerce d'Abbeville à Monsieur *Fremaux* Ingénieur des Ponts-et-Chaussées, en ville.

Monsieur l'ingénieur,

De toutes parts, on fait de grandes diligences, pour se procurer des ressources nouvelles, dans la création de lignes ferrées, que poursuivent avec une égale ardeur les populations du Nord et les populations du Midi. — A nos côtés, l'Artois et la Normandie font un mouvement, et leur mouvement éclairé, dans son action, non moins

Donc, le tronçon destiné à compléter la *section de Frévent à la Bresle* partit de notre gare pour s'en aller, paisiblement, vers *Mareuil*, *Huchenneville*, *Limercourt*, et *Huppy*, gravir près de là le faite séparatif des vallées de la Somme et de la Bresle, toucher *Martainneville* cotoyer ensuite la Vimeuse à *Frettemeule* et *Maisnière* jusqu'à *Gamaches*.

« Qu'il y ait une plus grande facilité d'exécution, disions nous dès le

qu'appuyé, portera infailliblement ses fruits. — Nous, qui sommes placés entre le Pas-de-Calais et la Seine-Inférieure, comme un trait d'union naturel, resterons-nous indifférents au milieu de l'activité qui nous provoque, soit à droite, soit à gauche ? Il n'en saurait être ainsi, assurément.

Déjà, *vous nous avez aidés par un beau travail, à rapprocher Frévent d'Abbevile*, et nous ne saurions trop vous remercier de votre bon concours sur ce tronçon du rail-way, de Béthune à Dieppe ; — *mais, nous ne pouvons nous arrêter à la Somme !... alors que notre ressort est limité par la Bresle, — Or, pour aboutir à la Bresle, plusieurs variantes sont en présence, et, ce n'est que par leur comparaison refléchie qu'une préférence devra se prononcer. — La simple facilité de l'exécution d'un projet n'est pas le seul argument à peser*, vous le savez mieux que nous, Monsieur l'Ingénieur. — *L'important est de choisir, celui qui, somme toute, vis-à-vis de la dépense qu'il occasionnera, donnera des produits relativement plus elevés, en desservant, d'ailleurs, une plus grande masse d'intérêts.*

A ce point de vue, Monsieur l'Ingénieur, *il faut que nous sortions de notre département, par la voie qui devra recueillir la plus forte somme de voyageurs et de marchandises*, en admettant que cette voie ne dépasse pas, dans son accomplissement, un chiffre raisonnable, proportions gardées entre l'actif et le passif qu'elle comportera.

C'est pourquoi, je viens, après un voyage d'Amiens et une conférence sur la matière, à la Préfecture, rappeler à votre souvenir que, *de la Somme à la Bresle, plusieurs variantes ont été soumises à l'attention du Conseil général*, qui a décidé que, sur les 61,000 francs d'allocation, il serait prélevé une part, pour frais d'études afférentes à ces divers directions.

Ces études, d'après les renseignements recueillis à bonne source, doivent comprendre tous les détails techniques d'établissement, de largeur, de construction, etc. etc...

On arriverait à la session du Conseil général, sans y être suffisamment muni, si on n'avait dans son portefeuille :

1° Une rédaction des avant-projets,

2° Un procès-verbal de l'enquête, ouverte conformément à la loi,

3° Une préparation rationnelle, quant aux bases, pour les traités d'exploitation,

4° Une prévision dûment calculée pour les tarifs de voyageurs et de marchandises.

5° Un cahier des charges, en bonne forme.

L'intelligence et le dévouement que vous avez mis au service d'une cause qui est bonne, en elle-même, bonne notamment, pour Abbeville qui se trouve heureusement, dans l'espèce, sur la même route que l'intérêt général ; — cette intelligence et ce dévouement stimulés encore par le titre de conseiller municipal de notre cité, ne nous laissent pas de douter que vous ne fassiez tout ce qui sera possible pour faire rentrer la vie avec la locomotive, dans nos murs, que la solitude menace, de plus en plus, depuis que la navigation du cabotage a été frappée au cœur par la coalition des compagnies de chemins de fer.

Le sujet, dont j'ai l'honneur de vous entretenir, a une telle importance aux yeux de l'administration supérieure, qu'il s'en est fallu peu qu'il ne déterminât une convocation extraordinaire du Conseil départemental.

En attendant, monsieur l'Ingénieur, que je sois informé par vous, soit comme

« 16 mai 1867 à l'assemblée générale du *Comité*, vers *Huppy* que vers
« *Miannay?* c'est incontestable, Messieurs; mais, ce qui ne l'est pas
« moins, c'est qu'un chemin de fer même facile et peu coûteux à faire
« est toujours trop cher quand il ne répond pas au besoin le mieux dé-
« montré parmi ceux qui se disputent le pas, et, quand il risque d'ail-
« leurs de ne point payer l'intérêt de sa dépense; — un chemin de fer, au
« contraire, est toujours bon marché, même en exigeant beaucoup, quand
« avec une rémunération sortable, qu'il promet aux capitaux engagés,

conseiller général, soit comme président de la Chambre de Commerce de la suite que vous vous proposez de donner aux désirs, dont je me constitue légitimement l'organe,

Je vous prie d'agréer, une fois de plus,
l'expression de mes sentiments etc.

Le Président de la Chambre de Commerce,
Signé : A. Courbet-Poulard.

LETTRE DE M. L'INGÉNIEUR

Abbeville le 6 avril 1866.

L'ingénieur ordinaire de l'arrondissement d'Abbeville à monsieur *Courbet Poulard*, Président de la Chambre de Commerce d'Abbeville, conseiller général.

Monsieur le Président,

Je n'aurais certainement pas attendu votre invitation pour étudier les variantes du tracé dont vous me parlez dans votre lettre du 24 mars dernier, si j'avais cru qu'elles fussent possibles.

Mais, pour relier la Somme à la Bresle, à partir d'Abbeville, par une voie ferrée économique, il n'existe qu'une seule direction, celle de la vallée de la Vimeuse qui conduit à Gamaches. Sur tout autre point comme *Eu*, *Beauchamps*, *Blangy*, le versant droit de la Bresle ne présente pas de vallon assez étendu pour qu'on puisse y diriger un chemin de fer du genre de ceux que nous avons à étudier ici. Dans ces différents endroits, il faudrait avoir des tunnels de 4 à 5 kilomètres de longueur, et avec ces tunnels, le but du chemin de fer d'*intérêt local* serait précisément manqué, puisqu'il passerait sous les localités qu'on aurait un intérêt particulier à voir desservir.

Il n'y avait à concevoir de variantes que pour une partie seulement du tracé, comprise entre Abbeville et les sources de la Vimeuse. Au lieu de prendre la vallée d'Huchenneville et de Huppy, on pouvait, après la sortie de la gare d'Abbeville du côté de Mareuil, revenir en arrière du côté de Cambron pour emprunter la vallée de la Trie et gagner le plateau par Miannay, mais c'était un tracé en zig-zag et d'un parcours considérable qu'il était impossible de présenter.

En somme, j'ai dû me borner à l'étude d'une direction unique, qui a d'ailleurs l'avantage de desservir, mieux que tout autre tracé, les intérêts locaux de l'arrondissement. Car en se portant trop à droite ou trop à gauche de cette direction, on négligerait nécessairement une partie de ces intérêts. Les districts d'*Hallencourt* d'*Airaines*, et d'*Oisemont* ont leur importance agricole et même industrielle, qui mérite d'être prise en considération en même temps que celle des cantons situés plus près du littoral.

Je vous dirai, du reste, monsieur le Président, que sur la ligne étudiée, la station de Maisnières est particulièrement destinée à satisfaire aux intérêts de la partie du Vimeu, s'occupant de la fabrication de la serrurerie.

Recevez, monsieur le Président, mes sincères salutations.

L'ingénieur des Ponts-et-Chaussées,
Signé : Frémaux.

« il donne satisfaction à des nécessités rigoureuses, qui s'imposent, de « toute leur importance, comme le transport indiscontinu des fers et des « charbons, etc.

« Nous savons qu'on nous a opposé, Messieurs, *l'impossibilité* tirée « des conditions mêmes[1] du sol, *l'impossibilité* de pratiquer un railway « susceptible de répondre aux désirs du district serrurier? — mais cette « *impossibilité*, les intérêts en jeu qui l'eussent admise, démontrée par « des opérations sur les lieux, ont refusé et refusent encore d'y croire « *a priori*, tant qu'ils ne l'ont pas touchée du doigt....

Nous oserions même avancer maintenant, que nous avons bien des raisons sérieuses pour penser que *cette impossibilité radicale n'existe pas*, et qu'on arriverait sans tunnel, qu'on arriverait, rien qu'au moyen d'une rampe assez longue (8000 mètres) et assez forte (0m 013), il est vrai, mais nullement impraticable, à passer de la Seine Inférieure dans la Somme, en bordant les villages où se fabriquent sur une si grande échelle l'article *Serrure de Picardie* et l'article *Quincaillerie*.

Quoiqu'il en soit, les études ont été conduites par *Mareuil*, *Huppy* et *Maisnières* jusqu'à *Gamaches* ; mais il leur reste encore à se prolonger de là jusqu'à Dieppe... — Comment ce prolongement s'effectuera-t il? — S'il n'y a pas de difficulté d'Abbeville à Gamaches, n'en surgira-t-il pas de Gamaches à Euvermeu et *ultrà?*.. le travail de M. l'Ingénieur de Dieppe pourra-t-il venir se souder, avec précision, à celui de M. l'Ingénieur d'Abbeville?... Autant de points à passer en revue....

Or, il advient, que les études faites dans la Somme jusqu'à Gamaches ont été continuées dans la Seine-Inférieure.... et que s'il paraît *impossible*, à Monsieur l'Ingénieur d'Abbeville de *déboucher dans la vallée de la Bresle ailleurs qu'à Gamaches*, il paraît impossible à M. l'Ingénieur *Lavoine*, de *déboucher ailleurs qu'à Pont-Marais*.... en venant de Dieppe.

En effet, les accidents de terrain, dont est tourmenté le parcours de Dieppe à Gamaches par Envermeu, obligeaient d'adopter, dans cette direction, des pentes et rampes à déclivités trop fortes et d'exécuter deux tunnels, d'une longueur totale de 2,800 mètres et d'une dépense approximative de 1 500,000 à 1,600,000 francs.

En présence de tels obstacles, force fut de tenter s'il ne serait pas plus

[1] « Il est impossible dit M l'Ingénieur, page 11 de son rapport, de déboucher dans « la vallée de la Bresle ailleurs qu'à *Gamaches* ; car, sur tout autre point, les gorges « du coteau droit de la Bresle sont beaucoup trop courtes pour qu'un chemin de « fer les emprunte dans les limites de pente admise, sans un tunnel de 3 à 4 kilo- « mètres. »

facile et plus économique à la fois, d'aboutir à la Bresle plus près de son embouchure, vers la ville d'Eu.

Les tentatives répondirent aux espérances, de sorte que suivant M. l'Ingénieur de Dieppe, la ligne partant de ce port pour *venir dans la Somme* se dirigerait, d'abord, sur *Martin-Église*, en traversant la prairie, s'élèverait ensuite à flanc de côteau jusqu'à *Ancourt* où elle quitterait la vallée de l'Eaulne pour monter, par le vallon de *Derchigny* jusqu'à l'extrémité du village de *Tourville la-Chapelle*. De ce point elle descendrait par le pli de *Guilmecourt* jusqu'à *Criel*, pour traverser, en remblai, jusqu'à *Heudclimont*, en longeant la rectification faite, ces temps derniers, à la route n° 25. — De là, cette ligne s'inclinerait, par la vallée de *Saint-Rémy-Boisrocourt* vers la vallée de la Bresle, où elle se raccorderait avec le chemin de fer *d'Abancourt sur Trèport*, entre *Eu* et *Pont*, après un parcours total de 37 kil. 900....

La déclivité des rampes et pentes ne dépassant pas 0m. 013 par mètre et les courbures présentant un rayon supérieur à 350 mètres laisseraient à peu près la ligne, dont il s'agit, dans les conditions requises pour une ligne du second ordre, puisque les dépenses présumées n'excèdent pas 4 millions et demi à 5 millions, c'est-à-dire un chiffre purement et simplement triple de ce qu'absorberaient seuls les deux tunnels à percer, en allant par Envermeu.

Notons, en passant, ce qui ne laisse pas que d'être encore un argument, au point de vue des *intérêts locaux* de la Seine-Inférieure, que cette direction l'emporte beaucoup sur l'autre ; car, tout en restant assez rapprochée d'Envermeu, elle dessert les communes considérables de *Criel, d'Eu* et de *Trèport*, qu'elle relie directement à leur chef-lieu d'arrondissement et de département.

Ainsi, le tracé de *M. l'Ingénieur de Dieppe* à travers la Seine-Inférieure *rencontre la Bresle à Ponts-et-Marais.*

Le tracé de *M. l'Ingénieur d'Abbeville*, à travers son arrondissement, la *rencontre à Gamaches.*

Messieurs les Ingénieurs se trouvant réciproquement à une distance de 10 kil. 500, comme *Gamaches* et *Ponts*, quel moyen de les rapprocher ? — Il n'y a pas de milieu :

Ou il faudrait emprunter 10 kil. 500 à la *ligne d'Abancourt*, pour se rendre soit de Dieppe à Abbeville, par *Ponts* et *Gamaches*, soit d'Abbeville à Dieppe par *Gamaches* et *Ponts* ; où il faudrait se rallier à un plan qui épargnât ce long détour à la circulation ordinaire entre la Normandie et la Picardie.

Il vaut mieux, en effet, que Gamaches, et Gamaches seul, ait à faire le trajet de 10 kil. 500, sur le rail-way de la Bresle pour se rendre à Abbeville, par *Ponts-Marais*, que d'allonger le parcours entre Béthune et Dieppe, en lui infligeant la peine d'une courbe, par Gamaches.

Aussi bien, pour une augmentation de distance, à laquelle elle se trouverait contrainte par la force majeure, la commune de Gamaches obtiendrait certainement des compagnies une réduction kilométrique proportionnelle, dans la perception des tarifs.

Entre l'avantage de tous et l'avantage de Gamaches seul. Il ne saurait être permis d'hésiter : Ce principe est indiscutable, mais indiscutable, *en droit*, est-il applicable, *en fait*, vis-à-vis des impossibilités d'exécution qu'ont articulées des hommes du métier ?

Dans le désir que nous éprouvons de préparer une solution qui serve, simultanément, l'*intérêt général* de la ligne entière (stations extrêmes et stations intermédiaires) et l'*intérêt spécial du Vimeu industriel*, en sauvegardant d'ailleurs les villages en jouissance du mouvement de la route ; — dans le désir d'échapper au coude que formerait *Gamaches* entre *Ponts-Marais* et Abbeville, voici comment nous essaierions, avec les renseignements recueillis sur les lieux mêmes, où, simple mortel, nous ne nous serions pas commis. si la science technique ne nous eut accompagné ; voici, comme il nous paraitrait possible d'arrêter judicieusement un projet définitif.

Le point de rencontre entre le tronçon venant de Dieppe et la *ligne d'Abancourt au Tréport* est *Pont-Marais* à la côte 9 m.. 50, presque en face la gorge de Meneslies.

Il semble possible de quitter la *ligne d'Abancourt* à la côte 10 mètres, de traverser la vallée en remblai, de monter de là, par l'anfractuosité qui s'ouvre, jusqu'à Meneslies pour atteindre le faite séparatif du versant de la Bresle et de la Somme, entre Ysengremer et Woincourt, après un développement de 8000 mètres.

Ce faite est, d'après la carte du dépôt de la guerre, à la côte 114 ; il y aurait, en conséquence, 104 mètres d'altitude à racheter sur 8,000 mètres d'étendue, c'est-à-dire qu'il y aurait à gravir, d'un point à l'autre, suivant une rampe, dont l'inclinaison n'excéderait pas 0m 013, maximum de la ligne, dans la Seine-Inférieure.

Le faite franchi, les difficultés véritables sont levées et il ne nous reste plus qu'à gagner *Abbeville* par *Friville-Escarbotin*, (d'où une bifurcation conduirait (1) à Saint-Valery) *Nibas*, *Ochancourt* et *Franleu* ; derrière

(1) A travers St-Blimont, Arrêt et Estrebœuf.

Franleu la nature s'est chargée d'offrir une pente douce avec laquelle on descenderait dans le vallon de Saint-Sulpice, et de là, dans la vallée de la Somme, en touchant Cambron, d'où l'on entrerait en ville, par l'aval, avant de s'arrêter en gare.

Pour éviter tout rebroussement, nous en sortirions, par l'amont, et, moyennant un pont sur la Somme, nous irions (ce qui nous serait facile, désormais, vu le déclassement militaire d'Abbeville) contourner la place, afin de nous raccorder avec le tracé qui accompagne depuis Saint-Riquier la rivière du Scardon.

Selon les données que nous venons de présenter après avoir *de visu* sérieusement examiné les lieux et formé notre conscience, au contac. d'une compétence incontestable, *la distance d'Abbeville à Dieppe, par Eu, serait exactement la même que celle par Gamaches et Envermeu.*

Nous croyons avoir résolu le problème, en ce qui regarde la voie ferrée d'Abbeville à Dieppe. — Puisse la combinaison, telle que nous l'avons conçue prouver jusqu'à quel point nos efforts ont tendu à satisfaire, tout à la fois, et l'*intérêt général* engagé sur la ligne entière de *Lille au Hâvre* par le bassin houiller de Béthune ; — et l'*intérêt spécial* de notre industrie du fer, dont l'habileté exceptionnelle de nos braves ouvriers sera bientôt impuissante à maintenir la suprématie, si la facilité des communications et l'abaissement des tarifs ne se hâtent de réduire le prix des transports de ces diverses matières premières ; — et l'*intérêt local* soit d'Abbeville, soit des villages intermédiaires, qui auront également conservé le courant de leurs relations antérieures, auxquels l'avenir réserve un immense développement.

Il nous reste un grand intérêt, un intérêt du premier ordre à mettre en relief, dans la question qui nous occupe, c'est l'*intérêt stratégique* au point de vue de la défense du territoire, l'*intérêt national*, au point de vue de la sécurité de l'État.

En jetant les yeux sur la carte d'Angleterre, on voit combien nos voisins se tiennent sur le qui-vive, dans la crainte d'une descente sur leurs côtes (descente que les découvertes modernes rendent bien autrement faciles que du temps de Guillaume-le-Conquérant) et combien, dans leur sage prévoyance, ils ont eu le soin d'y faire courir, comme une sorte de cordon sanitaire, une longue ligne stratégique, admirablement disposée dans son ensemble et dans ses parties, afin de solidariser leurs ports et leurs arsenaux, et de pouvoir, au premier signal télégraphique, mettre en mouvement, à la fois, et leur personne et leur matériel de guerre.

Lorsque la France inaugura son système de réseau ferré, sa première préoccupation fut de rattacher à la capitale, comme à un noyau commun, toutes les grandes places militaires, maritimes et commerciales ; — à l'idée d'un chemin de fer de ceinture, vers leur extrémité centrale, pour la commodité du service, devait correspondre l'idée d'un chemin de fer de circonférence, vers leur extrémité frontière, pour la sûreté du pays. Une ligne cotière destinée à relier tous nos ports devait nécessairement faire partie de la circonférence... Cette ligne cotière nous la trouvons achevée sur la Méditerranée, de Nice à Port-Vendres.

Sur l'Océan, une ligne indiscontinue part de Bayonne, enveloppe les deux bords de la Gironde, traverse les Charentes et la Vendée, puis commence à Nantes le tour de la Bretagne, et, passant par Brest pour se rendre à Cherbourg elle arrive, par Caen, jusqu'à à Honfleur, sur la rive gauche de la Seine, en face du Havre. — Il se présente plusieurs lacunes du Havre à la frontière de Belgique, et, ces lacunes, notre ligne vient les combler. Elle réalise, en effet, la condition la plus nécessaire, pour un chemin de fer stratégique, celle de suivre la côte assez près pour que les troupes amenées, d'urgence, par le rail way n'aient qu'une faible distance à parcourir à pied, pour tomber sur le point menacé; assez loin, cependant, pour être à l'abri des canons d'un vaisseau ennemi et pour qu'une troupe de débarquement ne puisse pas s'exposer à venir le couper.

Elle rentre dans la famille des chemins de fer du littoral de la Manche. Ces chemins, disait M. le Ministre des Travaux publics, « sont destinés « à jouer, en temps de guerre un rôle considérable, en temps de paix « un rôle non moins important ; — ces chemins dans des temps qu'il « faut écarter par la pensée, mais qui enfin ne sont pas impossibles, « peuvent être la grande ligne stratégique entre les arsenaux de la « France. Le devoir de l'administration est donc de les faire, en rapport « avec la grandeur de leur but et avec les services qu'ils peuvent être « appelés à rendre. »

Ainsi s'exprimait, dans la séance législative du 3 juin, S. Exc. M. Forcade de la Roquette, à propos de la zone entre Bordeaux et le Havre, et ses paroles ne sont certainement pas moins applicables à la zone entre le Havre et Lille qui est, avec Dunkerque, la clef de la France vers le Nord.

Elle réunit le port du Havre à ceux de Dieppe, du Trépor, de St-Valery, qu'elle embrigade instantanément au même service, surtout si, de Friville-Escarbotin notre voie se ramifie sur St-Valery, en même temps que, à droite de la baie de Somme, la ligne du Nord se ramifierait [1] vers le Crotoy, sur une plate forme de six kilomètres qui serait, en même temps, la communication abrégée d'un quart, comme distance, entre le Crotoy et Abbeville — il se déroulerait alors, du Hâvre à Dunkerque une véritable chaîne dont les anneaux, grands ou petits s'appelleraient Fécamp, Saint-Valery en Caux, Saint-Waast la Hougue, Dieppe, Tréport, Saint Valery sur-Somme. Le Crotoy, Etaples, Boulogne, Calais et Gravelines, — cette chaîne touchée, par l'étincelle du télégraphe, pourrait à un moment donné, opérer, comme la chaîne électrique, une commotion générale et instantanée.

Nous aurions commis, ce nous semble, un oubli regrettable si nous avions négligé de faire valoir ces dernières considérations, qui plaident si éloquemment la grande cause du chemin de fer, auquel nous nous sommes voués.

Nous manquerions de reconnaissance si nous ne consignions pas qu'e c'est à la bienveillante obligeance de M. l'ingénieur d'Abbeville que nous devons la communication des pièces minutes, dans lesquelles nous avons puisé les renseignements dont nous avons étayé toutes nos appréciations sur le projet de Dieppe à la Bresle, suivant les études de son honorable collègue de la Seine-Inférieure.

Nous avons peut être aujourd'hui le droit d'ajouter qu'il ne nous étonnerait pas que M. *Frémaux* qui, par son tracé d'Abbeville à Gamache avait visé, surtout, ce semble, à éviter, en deçà de la Bresle, des difficultés d'exécution, qu'il n'avait pas soupçonnés, au delà, voyant l'honorable ingénieur de Dieppe renoncer au passage par *Envermeu* et se rabattre à *Ponts-Marais*, pour y croiser dans la vallée la *ligne d'Abancourt au Tréport;* — il ne nous étonnerait pas que M. *Frémaux* envisageant l'entreprise au point de vue de son ensemble, d'une part, au point de vue de la jonction la plus avantageuse des deux arrondissements limitrophes, d'autre part, se ralliât définitivement au plan qui, en traversant le Vimeu serrurier, réaliserait l'intention qu'a nettement formulée, dès l'origine, et que formule encore ici la Chambre de commerce,

[1] Il ne manquera plus rien à la partie Ouest de l'arrondissement d'Abbeville, comme réseau ferré, le jour où un raccordement s'opérera entre la ligne de Lille au Havre (station de Conteville) et la ligne du Nord, (station de Noyelles,) en traversant les cantons de Crécy et de Nouvion.

au nom des graves intérêts qu'elle représente ; intérêts qu'elle défendra résolument jusqu'à la fin, jalouse qu'elle est, de se trouver justifiée, du moins, par la constance de ses efforts, si elle n'est pas récompensée par le bonheur définitif du succès.

Abbeville. — Imprimerie P. Briez.

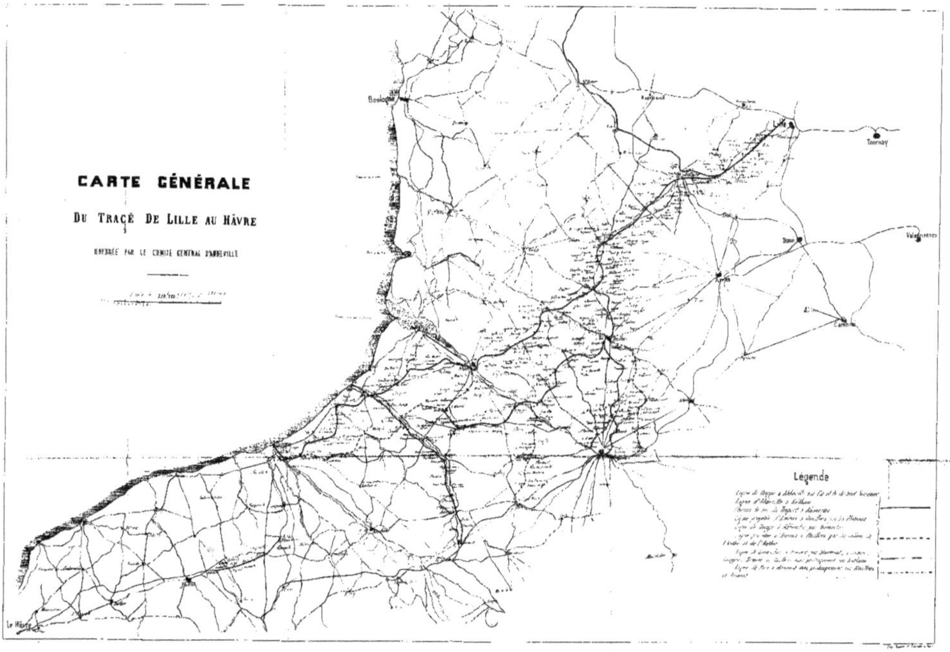
CARTE GÉNÉRALE
DU TRACÉ DE LILLE AU HÂVRE
Légende
Boulogne
Lille
Tournay
Douai
Arras
Cambrai
Le Hâvre

2418

www.ingramcontent.com/pod-product-compliance
Lightning Source LLC
Chambersburg PA
CBHW070819210326
41520CB00011B/2022

* 9 7 8 2 0 1 1 3 0 8 1 3 9 *